Stephen Lidie

# Perl/Tk

*Précis & Concis*

*Traduction de* James Guérin









Éditions O'Reilly
18 rue Séguier
75006 Paris
FRANCE
france@oreilly.com
http://www.editions-oreilly.fr/



O'REILLY®

Cambridge • Cologne • Farnham • Paris • Pékin
Sebastopol • Taipei • Tokyo

L'édition originale de ce livre (ISBN 1-56592-517-3) a été publiée aux États-Unis par O'Reilly & Associates sous le titre *Perl/Tk Pocket Reference*.



*Couverture conçue par* Edie Freedman & Risa Graziano.

*Édition :* Dominique Buraud.

Les programmes figurant dans ce livre ont pour but d'illustrer les sujets traités. Il n'est donné aucune garantie quant à leur fonctionnement une fois compilés, assemblés ou interprétés dans le cadre d'une utilisation professionnelle ou commerciale.


ISBN 2-84177-103-2

# *Table des matières*

# *Perl/Tk précis & concis*

## *Introduction*

Perl/Tk est le prolongement de Perl pour la création d'interfaces utilisateur graphiques. Ce petit guide présente chaque élément graphique Perl/Tk, y compris un widget général et une information variable, les callbacks, la gestion de la géométrie, les liens, les événements, la gestion des fenêtres, de même que les widgets composites, les polices et la création d'images, les commandes de manipulation, tous éléments décrits en détail dans l'ouvrage publié par les Éditions O'Reilly : *Introduction à Perl/Tk*.

Ma reconnaissance va à Achim Bohnet, qui a révisé avec persévérance cet ouvrage au fur et à mesure de son évolution.

## *Conventions*

| | |
|---|---|
| `taille fixe` | désigne du texte à entrer de manière littérale. |
| *italique* | signifie un texte variable, par exemple, des informations à entrer dans un champ. |
| gras | est un mot-clé, par exemple, un mot ayant une signification particulière. |
| ?… ? | représente une partie optionnelle. |

# *Informations générales sur les widgets Perl/Tk*

Tous les programmes Perl/Tk doivent comporter une instruction use Tk. Pour utiliser des widgets spéciaux Perl/Tk comme Dialog, une instruction de type use Tk::Dialog est obligatoire.

Tous les widgets sont créés ainsi :

> $*widget* = $*parent* -> *classe_de_widget* ( ?-*option* => *valeur*, … ?);

où *classe_de_widget* est le nom de la classe du widget désiré (par exemple, Button) et $*parent* est la référence du widget Perl/Tk parent du nouveau widget. La référence objet de Perl est stockée dans $*widget*, qui devient un enfant de $*parent*, ce qui établit la hiérarchie entre les widgets.

Toutes les commandes de création de widget peuvent posséder le paramètre optionnel Name => *nom_ressource* pour permettre d'associer un nom de ressource de base de données au widget.

Tout programme Perl/Tk impose une fenêtre principale, représentant le widget au sommet de la hiérarchie ; celle-ci est créée à l'aide de :

> $*mw* = MainWindow->new;

La commande suivante crée un *nouveau bouton* $*b* et utilise le gestionnaire de positionnement grid pour le placer :

> $*b* = $*mw*->Button(-text => "Hello World")->grid;

Les options de configuration des widgets peuvent être passées à la méthode de création. Les options débutent par un "-" et sont habituellement suivies d'une valeur : un entier ou une chaîne, parfois un scalaire Perl, un tableau, un hash ou une référence de code. Après création, les options peuvent être modifiées à l'aide de la commande widget configure :

> $*widget*->configure(-*option* => *valeur*, …);

et rappelées en utilisant la commande cget :

> $*widget*->cget(-*option*);

La dernière instruction d'un programme Perl/Tk appelle MainLoop pour lancer le traitement des événements.

## *Callbacks Perl/Tk*

Un callback est un scalaire, une référence de code ou un nom de méthode sous forme de chaîne. Chacun de ces styles accepte des paramètres par passage d'une référence de tableau avec la référence de code ou le nom de méthode comme premier élément et des paramètres de sous-routines comme éléments suivants.

| | |
|---|---|
| \&*sous-routine* | [\&*sous-routine* ?, *args*?] |
| sub {...} | [sub {...} ?, *args*?] |
| '*nom_methode*' | ['*nom_methode*' ?, *args*?] |

Noter qu'aux callbacks bind sont passés de manière implicite la référence de l'objet lié comme premier argument de la liste des paramètres. Reportez-vous à la section *Liaisons et événements virtuels* pour l'information correspondante.

Pour empêcher bind de fournir une référence d'objet implicite au callback, spécifiez votre propre objet comme premier élément du tableau :

$*a*->bind(*descripteur_d_evevement*, [$*b* => 'Delete']);

Ainsi, bind appelle Delete avec le widget $*b* au lieu de $*a*.

## *Options communes aux widgets*

Certaines des options communes à plusieurs widgets sont décrites ici pour la concision du propos. Concernant les options qui impliquent des unités d'écran, les valeurs sont exprimées en pixels, sauf si un modificateur de suffixe à une lettre est présent — `c` (cm), `i` (inch), `m` (mm) ou `p` (points).

`-activebackground =>` *couleur*
Couleur de fond du widget lorsqu'il est actif.

`-activeborderwidth =>` *nombre*
Largeur en unités d'écran de la bordure du widget lorsqu'elle est active.

`-activeforeground =>` *couleur*
Couleur d'avant-plan du widget lorsqu'il est actif.

`-anchor` => *position_ancre*
Définit la manière dont l'information est positionnée à l'intérieur du widget. Les valeurs admises pour *position_ancre* sont `n`, `ne`, `e`, `se`, `s`, `sw`, `w`, `nw` et `center`.

`-background` => *couleur*
Couleur de fond du widget dans son état normal.

`-bitmap` => *bitmap*
Bitmap à afficher dans le widget (`error`, `gray12`, `gray25`, `gray50`, `gray75`, `hourglass`, `info`, `questhead`, `question`, `warning`, `@`*nom_chemin*).

`-borderwidth` => *nombre*
Largeur en unités d'écran de la bordure du widget dans son état normal. La valeur par défaut est 2.

`-command` => *callback*
Un callback Perl/Tk décrivant le code Perl à lancer lorsque le widget est invoqué.

`-cursor` => [*bitmap, masque, avant-plan, arrière-plan*]
Référence de tableau décrivant le curseur à afficher lorsque le pointeur de la souris est dans le widget.

`-disabledforeground` => *couleur*
Couleur d'avant-plan du widget lorsqu'il est désactivé.

`-exportselection` => *booléen*
Détermine si oui ou non une sélection dans le widget doit être également la sélection X.

`-font` => *police*
Police à utiliser pour le tracé de texte à l'intérieur du widget.

`-foreground` => *couleur*
Couleur d'avant-plan du widget dans son état normal.

`-highlightbackground` => *couleur*
Couleur du rectangle dessiné autour du widget lorsque celui-ci n'a pas le focus pour le clavier.

`-highlightcolor` => *couleur*
Couleur du rectangle dessiné autour du widget lorsque celui-ci a le focus clavier.

`-highlightthickness` => *largeur*
Largeur, en unités d'écran, du rectangle activé dessiné autour du widget lorsque celui-ci a le focus.

`-image` => *image*
Image à afficher dans le widget (voir Images).

`-insertbackground` => *couleur*
Couleur à utiliser pour le point d'insertion.

`-insertborderwidth` => *nombre*
Largeur en unités d'écran du curseur d'insertion.

`-insertofftime` => *millisecondes*
Durée pendant laquelle le curseur d'insertion doit être occulté à chaque cycle de clignotement.

`-insertontime` => *millisecondes*
Durée pendant laquelle le curseur d'insertion doit rester visible à chaque cycle de clignotement.

`-insertwidth` => *largeur*
Largeur en unités d'écran du curseur d'insertion.

`-jump` => *booléen*
Détermine s'il est nécessaire de notifier ou non les barres de défilement et les échelles connectées au widget afin de retarder les rafraîchissements jusqu'au relâchement du bouton de la souris.

`-justify => left| center| right`
Précise comment plusieurs lignes doivent s'aligner les unes par rapport aux autres.

`-orient => horizontal| vertical`
Définit l'orientation utilisée par le widget dans la présentation.

`-padx` => *largeur*
Espace externe supplémentaire, en unités d'écran, à ménager au widget sur l'axe des x.

`-pady` => *hauteur*
Espace externe supplémentaire, en unités d'écran, à ménager au widget sur l'axe des y.

`-relief => flat| groove| raised| ridge| solid|sunken`
Effet 3-D désiré pour la bordure du widget.

`-repeatdelay` => *millisecondes*
Durée pendant laquelle un bouton ou une touche doivent être pressés avant le début de la répétition automatique.

`-repeatinterval` => *millisecondes*
Durée de l'intervalle entre auto-répétitions lorsqu'une action a débuté.

`-selectbackground` => *couleur*
Couleur de fond à utiliser à l'affichage d'éléments sélectionnés.

`-selectborderwidth` => *largeur*
Largeur, en unités d'écran, de la bordure à dessiner autour des éléments sélectionnés.

`-selectforeground` => *couleur*
Couleur d'avant-plan à utiliser à l'affichage d'éléments sélectionnés.

`-setgrid` => *booléen*
Définit si le widget contrôle la grille de redimensionnement de sa fenêtre de niveau le plus élevé.

`-state` => `normal` | `disabled`
(| `active` pour les widgets de type bouton)
État courant du widget.

`-takefocus` => *type_de_focus*
Si `0` ou `1`, signale que le widget ne doit jamais ou doit toujours prendre le focus. Si *undef*, Tk décide lui-même. Sinon, il exécute *type_de_focus* comme *callback* avec la référence du widget comme premier argument. La valeur retournée doit être `0`, `1` ou *undef*.

`-text` => *chaîne*
Texte à afficher à l'intérieur du widget.

`-textvariable` => *ref_var*
Référence à une variable scalaire Perl contenant une chaîne de texte à afficher à l'intérieur du widget ou modifiée par le widget.

`-troughcolor` => *couleur*
Couleur à utiliser pour la zone rectangulaire à l'intérieur du widget.

`-underline` => *index*
Indice d'un caractère à souligner dans le widget.

`-wraplength` => *longueur*
Longueur maximale de ligne, en unités d'écran, utilisée dans le pliage de mots.

`-xscrollcommand` => *callback*
Sous-routine et arguments à communiquer aux barres de défilement horizontales.

`-yscrollcommand` => *callback*
Sous-routine et arguments à communiquer aux barres de défilement verticales.

## *Variables spéciales de Perl/Tk*

*$Tk::library*
Répertoire contenant la bibliothèque des modules Tk, les widgets et les scripts.

*$Tk::patchLevel*
Entier spécifiant le niveau du patch courant de Tcl/Tk.

*$Tk::strictMotif*
Si la valeur n'est pas zéro, Tk essaie d'adhérer au " look-and-feel " de Motif de manière aussi stricte que possible.

*$Tk::version*
Version courante de Tcl/Tk sur laquelle se base Perl/Tk, sous la forme *major.minor*.

*$Tk::VERSION*
Version courante de Perl/Tk.

## *Commandes de défilement d'un widget*

Les widgets Canvas, Listbox et Text supportent les commandes de défilement suivantes. Pour les commandes xview et scan, acceptées par le widget Entry, le passage de l'ordonnée n'est pas obligatoire ; l'abscisse suffit.

Reportez-vous à la section *Widgets Perl/Tk* pour savoir comment le widget Scroll de Perl/Tk simplifie considérablement la gestion des barres de défilement.

$*widget*->scanMark(*x*, *y*);
  Enregistre *x* et *y* comme ancre de la vue courante du widget.

$*widget*->scanDragto(*x*, *y*);
  Déplace la vue de 10 fois la différence entre les coordonnées *x* et *y* et les coordonnées de l'ancre de la vue courante.

$*widget*->xview;
  Retourne une liste à deux éléments spécifiant l'écartement horizontal du widget par rapport aux bords droit et gauche de la fenêtre.

$*widget*->xviewMoveto(*fraction*);
  Ajuste la vue dans la fenêtre de sorte qu'une *fraction* de la largeur totale du widget soit hors écran par la gauche.

$*widget*->xviewScroll(*n* => `units` | `pages`);
  Déplace la vue de *n* dixièmes (`unit`) ou *n* neuf dixièmes (`pages`) dans la largeur de la fenêtre selon l'axe horizontal.

$*widget*->yview;
  Retourne une liste à deux éléments spécifiant l'écartement vertical du widget par rapport aux bords haut et bas de la fenêtre.

$*widget*->yviewMoveto(*fraction*);
  Ajuste la vue dans la fenêtre de sorte qu'une *fraction* de la hauteur totale du widget soit hors écran par le haut.

$*widget*->yviewScroll(*n* => `units` | `pages`);
  Déplace la vue de *n* dixièmes (`unit`) ou *n* neuf dixièmes (`pages`) dans la hauteur de la fenêtre selon l'axe vertical.

Le widget Text supporte aussi la commande suivante :

$*text*->yview(?`-pickplace`,? *index*);
  Modifie la vue de la fenêtre du widget pour rendre visible le caractère à la position *index*. Si `-pickplace` est spécifié, *index* apparaîtra au sommet de la fenêtre.

Les widgets Entry (xview uniquement) et Listbox supportent également les commandes suivantes :

$*listbox*->xview(*index*);

Ajuste la vue pour que le caractère à la position *index* soit à gauche de la fenêtre.

$*listbox*->yview(*index*);

Ajuste la vue pour que le caractère à la position *index* soit en haut de la fenêtre.

# *Le widget Canvas*

## *Options de Canvas*

```
-background                  -insertontime
-borderwidth                 -insertwidth
-cursor                      -relief
-height                      -selectbackground
-highlightbackground         -selectborderwidth
-highlightcolor              -selectforeground
-highlightthickness          -takefocus
-insertbackground            -width
-insertborderwidth           -xscrollcommand
-insertofftime               -yscrollcommand
```

`-closeenough` => *flottant*

Définit la distance à un élément à partir de laquelle le curseur de la souris est considéré comme étant "dans" l'élément.

`-confine` => *booléen*

Précise qu'il est permis de définir la vue du canevas à l'extérieur de la région de défilement.

`-scrollregion` => [*coins*]

Référence d'un tableau de quatre coordonnées décrivant les côtés gauche, haut, droit et bas d'une zone de défilement rectangulaire.

`-xscrollincrement` => *distance*

Spécifie l'incrément, en unités d'écran, du défilement horizontal.

`-yscrollincrement` => *distance*

Spécifie l'incrément, en unités d'écran, du défilement vertical.

*Exemples de coordonnées : 5 (pixel), 2.2i (inch), 4.1c (cm), 3m (mm), 21p (pts)*

Des coordonnées y croissantes correspondent à des points décalés vers le bas à l'écran ; des coordonnées x croissantes correspondent à des points déportés vers la droite.

Positions de caractères : *charIndex*, `end`, `insert`, `sel.first`, `sel.last`, `@`*x,y*

## *Commandes de Canvas*

$*canvas*->addtag(*tag*, *spec_recherche* ?, *arg*, *arg* ... ?);

Ajoute *tag* à la liste des tags associés à chaque élément satisfaisant les conditions de *spec_recherche*. Voir *Spécifications de recherche de Canvas*.

$*canvas*->bbox(*tagOuId* ?, *tagOuId* ... ?);

Retourne une liste (*x1*, *y1*, *x2*, *y2*) fournissant une boîte de dimensionnement *approximée* pour tous les éléments désignés par les arguments *tagOuId*.

$*canvas*->bind(*tagOuId* ?, *sequence* => *callback* ?);

Associe le *callback* à invoquer à l'occurrence des événements spécifiés par *sequence* aux éléments fournis par *tagOuId*. Utiliser la méthode **CanvasBind** pour créer une liaison au canevas en tant que tel.

$*canvas*->canvasx(*ecranx* ?, *pas_de_grille* ?);

Retourne la coordonnée x de canevas qui est affichée à la coordonnée x d'écran *ecranx*, arrondie si possible au plus proche multiple d'unités *pas_de_grille*.

$*canvas*->canvasy(*ecrany* ?, *pas_de_grille* ?);

Retourne la coordonnée x de canevas qui est affichée à la coordonnée y d'écran *ecrany*, arrondie si possible au plus proche multiple d'unités *pas_de_grille*.

$*canvas*->coords(*tagOuId* ?, *x0*, *y0* ... ?);

Recherche ou modifie les coordonnées qui définissent un élément.

$*canvas*->create*Type*(*x*, *y* ?, *x*, *y* ... ? ?, *-option*=> *valeur* ... ?);

Crée un nouvel élément de type *Type* aux coordonnées spécifiées et avec les options de liste. Habituellement *Type* peut être : Arc, Bitmap, Image, Line, Oval, Polygon, Rectangle, Text ou Window.

$*canvas*->dchars(*tagOuId, premier ?, dernier?*);

Pour les éléments fournis par *tagOuId*, supprime les caractères dans la plage définie par *premier* et *dernier* comprise (la valeur par défaut est *premier*).

$*canvas*->delete(?*tagOuId* … ?);

Supprime chacun des éléments donnés par chaque *tagOuId.*

$*canvas*->dtag(*tagOuId ?, tag_à_supprimer?*);

Enlève le tag *tag_à_supprimer* de la liste de tags d'éléments donnés par *tagOuId.*

$*canvas*->find(*spec_recherche ?, arg, arg … ?*);

Retourne une liste des éléments qui satisfont les spécifications *spec_recherche.* Voir *Spécifications de recherche de canvas* ci-dessous.

$*canvas*->focus(*tagOuId*);

Attribue le focus au premier élément textuel fourni par *tagOuId.*

$*canvas*->gettags(*tagOuId*);

Retourne une liste des tags associés au premier élément fourni par *tagOuId.*

$*canvas*->icursor(*tagOuId, index*);

Définit le curseur d'insertion pour le (ou les) élément(s) fournis par *tagOuId* juste avant la position de caractère *index.*

$*canvas*->index(*tagOuId, index*);

Retourne une chaîne décimale donnant l'index numérique dans *tagOuId* correspondant à la position de caractère *index.*

$*canvas*->insert(*tagOuId, avantCela, chaîne*);

Insère *chaîne* juste avant la position de caractère *avantCela* dans les éléments fournis par *tagOuId* qui supportent l'insertion textuelle.

$*canvas*->itemcget(*tagOuId, -option*);

Retourne la valeur *-option* pour l'élément fourni par *tagOuId.*

$*canvas*->itemconfigure(*tagOuId ?, -option => valeur … ?*);

Modifie les options spécifiques d'éléments pour les éléments fournis par *tagOuId.*

$*canvas*->lower(*tagOuId ?, sousCela ?*);

Déplace les éléments fournis par *tagOuId* à une nouvelle position dans la liste d'affichage juste avant le premier élément donné par *sousCela.*

$*canvas*->move(*tagOuId, Quantite_x, Quantite_y*);

Déplace les éléments donnés par *tagOuId* dans l'espace de coordonnées du canevas par addition de *Quantite_x* et *Quantite_y* respectivement aux coordonnées *x* et *y* de chaque élément.

$*canvas*->postscript( ?*-option* => *valeur* … ?);

Génère une représentation EPS (Encapsulated Postscript) pour la totalité ou une partie du canevas. Voir *Options PostScript de canvas* ci-dessous.

$*canvas*->raise(*tagOuId* ?, *surCela*?);

Déplace les éléments fournis *tagOuId* à une nouvelle position dans la liste d'affichage, juste après le premier élément donné par *surCela*.

$*canvas*->scale(*tagOuId, Origine_x, Origine_y, Echelle_x, Echelle_y*);

Redéfinit l'échelle des éléments donnés par *tagOuId* dans l'espace de coordonnées du canevas pour modifier la distance de *Origine_x*, *Origine_y* par un facteur *Echelle_x*, *Echelle_y*, respectivement.

$*canvas*->scan(*args*);

Voir *Commandes de défilement d'un widget* ci-dessus.

$*canvas*->selectAdjust(*tagOuId, index*);

Ajuste l'extrémité la plus proche de la sélection courante dans *tagOuId* pour être à la position *index*, et définit l'autre extrémité comme étant l'ancre de la nouvelle sélection.

$*canvas*->selectClear;

Efface la sélection si elle est dans le widget.

$*canvas*->selectFrom(*tagOuId, index*);

Définit l'ancre de sélection dans *tagOuId* juste avant le caractère à *index*.

$*canvas*->selectItem;

Retourne l'id de l'élément sélectionné. Retourne une chaîne vide s'il n'y en a aucune.

$*canvas*->selectTo(*tagOuId, index*);

Définit l'extension de la sélection entre *index* et le point d'ancrage dans *tagOuId*.

$*canvas*->type(*tagOuId*);

Retourne le type du premier élément fourni par *tagOuId*.

$*canvas*->xview | yview(*args*);

Voir *Commandes de défilement d'un widget* ci-dessus.

## *Spécifications de recherche de Canvas*

above => *tagOuId*

Sélectionne l'élément juste après l'élément donné par *tagOuId* dans la liste d'affichage.

*all*

Sélectionne tous les éléments du canevas.

below => *tagOuId*

Sélectionne l'élément juste avant l'élément fourni par *tagOuId* dans la liste d'affichage.

*closest* => *x, y ?, halo ? ?, début ?*

Sélectionne l'élément hiérarchiquement le plus élevé et le plus proche de @*x,y* placé sous *début* dans la liste d'affichage. Tout élément plus proche du point que *halo* est considéré comme le recouvrant.

enclosed => *x1, y1, x2, y2*

Sélectionne tous les éléments complètement inclus dans *x1, y1, x2, y2*.

overlapping => *x1, y1, x2, y2*

Sélectionne tous les éléments qui recouvrent ou sont compris dans *x1, y1, x2, y2*.

withtag => *tagOuId*

Sélectionne tous les éléments fournis par *tagOuId*.

## *Types d'éléments de Canvas*

$*canvas*->createArc(*x1, y1, x2, y2 ?, -option => valeur ... ?*);

`-fill` => *couleur*  `-tags` => *liste_de_tags*
`-outline` => *couleur*  `-width` => *largeur_contours*
`-stipple` => *bitmap*

`-extent` => *degrés*

Taille de la portion d'angle occupée par arc.

`-outlinestipple` => *bitmap*
Pointillé bitmap à utiliser pour utiliser le contour d'un arc.

`-start` => *degrés*
Angle mesuré depuis la position 3 heures.

`-style` => `pieslice| chord| arc`
Précise comment "compléter" la région d'arc.

$*canvas*->createBitmap(*x, y* ?, *-option* => *valeur* … ?);

`-anchor` => *position_ancre* `-foreground` => *couleur*
`-background` => *couleur* `-tags` => *liste_de_tags*
`-bitmap` => *bitmap*

$*canvas*->createImage(*x, y ?, -option => valeur … ?);*

`-anchor` => *position_ancre* `-tags` => *liste_de_tags*
`-image` => *image*

$*canvas*->createLine(*x1, y1, … xN, yN* ?, *-option* => *valeur* … ?);

`-fill` => *couleur* -tags => *liste_de_tags*
`-smooth` => *booléen* `-width` => *largeur_contours*
`-stipple` => *bitmap*

`-arrow` => `none| first| last| both`
Spécifie à quelle extrémité de la ligne il convient de dessiner les flèches.

`-arrowshape` => *forme*
Liste de trois éléments décrivant la forme de la flèche.

`-capstyle` => `butt| projecting| round`
Définit comment dessiner des capitales en fin de ligne. La valeur par défaut est `butt`.

`-joinstyle` => `bevel| miter| round`
Définit comment les jointures doivent être dessinées aux sommets. La valeur par défaut est `miter`.

`-splinesteps` => *nombre*
Degré de lissage desiré pour les courbes.

$*canvas*->createOval(*x1, y1, x2, y2* ?, *-option* => *valeur* … ?);

`-fill` => *couleur*
`-outline` => *couleur*
`-stipple` => *bitmap*
`-tags` => *liste_de_tags*
`-width` => *largeur_contours*

`$`*canvas->*createPolygon(*x1, y1, ... xN, yN ?, -option => valeur ... ?);*

`-fill` => *couleur*
`-outline` => *couleur*
`-smooth` => *booléen*
`-stipple` => *bitmap*
`-tags` => *liste_de_tags*
`-width` => *largeur_contours*

`-splinesteps` => *nombre*
Degré de lissage désiré pour les périmètres de courbes.

`$`*canvas->*createRectangle(*x1, y1, x2, y2 ?, -option => valeur ...* ?);

`-fill` => *couleur*
`-outline` => *couleur*
`-stipple` => *bitmap*
`-tags` => *liste_de_tags*
`-width` => *largeur_contours*

`$`*canvas->*createText(*x, y ?,-option => valeur ...* ?);

`-anchor` => *position_ancre*
`-fill` => *couleur*
`-font` => *police*
`-stipple` => *bitmap*
`-tags` => *liste_de_tags*
`-text` => *chaîne*

`-justify => left| right| center`
Définit la justification du texte à l'intérieur de sa zone de confinement.

`-width` => *longueur_ligne*
Longueur maximale de ligne pour le texte. Si zéro, rupture uniquement à \n.

`$`*canvas->*createWindow(*x, y ?,-option => valeur ...* ?);

`-anchor` => *position_ancre*
`-tags` => *liste_de_tags*

`-height` => *hauteur* Hauteur affectée à la fenêtre des éléments, en unités d'écran.

`-width` => *largeur* Largeur affectée à la fenêtre des éléments, en unités d'écran.

`-window` => *ref_widget* Widget à associer à l'élément.

## *Options PostScript de Canvas*

`$`*canvas*->postscript(?*-option* => *valeur* ... ?);

`-colormap` => *ref_var*
: Spécifie une couleur de mappage à utiliser là où *ref_var* est une variable tableau dont les éléments spécifient le code PostScript à employer pour une valeur particulière de la couleur.

`-colormode => color | grey | mono`
: Spécifie comment produire l'information sur la couleur.

`-file` => *nom_chemin*
: Spécifie le nom du fichier de destination du code PostScript. Sans spécification, le code PostScript est retourné comme résultat de la commande.

`-fontmap` => *ref_var*
: Spécifie une correspondance de police à utiliser là où *ref_var* est une variable tableau dont les éléments spécifient la police PostScript et la taille à utiliser sous forme d'une liste à deux éléments.

`-height` => *taille*
: Spécifie la hauteur de la zone du canevas à imprimer. La valeur par défaut est la hauteur de la fenêtre du canevas.

`-pageanchor` => *ancre*
: Spécifie quel point de la zone d'impression doit apparaître par dessus le point de positionnement sur la page. Valeur par défaut : `center`.

`-pageheight` => *taille*
: Spécifie que la sortie PostScript doit être mise à l'échelle dans les deux directions x et y, de manière que la zone d'impression ait pour hauteur *taille* dans la page PostScript.

`-pagewidth` => *taille*
: Spécifie que la sortie PostScript doit être mise à l'échelle dans les deux directions x et y, de manière que la zone d'impression ait pour largeur *taille* dans la page PostScript.

`-pagex` => *position*
: Définit la coordonnée x du point de positionnement à *position* sur la page.

`-pagey` => *position*
: Définit la coordonnée y du point de positionnement à *position* sur la page.

`-rotate` => *booléen*
: Définit si la zone d'impression doit faire l'objet d'une rotation de 90 degrés (format paysage).

`-width` => *taille*
: Spécifie la largeur de la zone du canevas à imprimer. La valeur par défaut est la largeur de la fenêtre du canevas.

`-x` => *position*
: Définit la coordonnée x du bord gauche de la zone du canevas à imprimer.

`-y` => *position*
: Définit la coordonnée y du bord supérieur de la zone du canevas à imprimer.

# *Le widget Entry*

## *Les options du widget Entry*

```
-background              -insertbackground
-borderwidth             -insertborderwidth
-cursor                  -insertofftime
-exportselection         -insertontime
-font                    -insertwidth
-foreground              -justify
-highlightbackground     -relief
-highlightcolor          -selectbackground
-highlightthickness      -selectborderwidth
-selectforeground        -textvariable
-state                   -width
-takefocus
```

`-show` *car*
: Remplace chaque caractère visible de l'entrée par *car*.

Indices d'entrées : *nombre* (débute à 0), `anchor`, `end`, `insert`, `sel.first`, `sel.last`, @*x*

## *Commandes du widget Entry*

$*entry*->bbox(*index*);
: Retourne une liste (*x*, *y*, *largeur*, *hauteur*) décrivant une boîte de dimensionnement approximée du caractère donné par *index*.

$*entry*->delete(*premier*?, *dernier*?);
: Supprime les caractères depuis *premier* jusqu'au caractère juste avant *dernier*.

$*entry*->get;
: Retourne la chaîne $entry.

$*entry*->icursor(*index*);
: Affiche le curseur d'insertion juste avant le caractère à la position *index*.

$*entry*->index(*index*);
: Retourne l'index numérique correspondant à *index*.

$*entry*->insert(*index*, *chaîne*);
: Insère *chaîne* juste avant le caractère à la position *index*.

$*entry*->scan(*-option*, *args*);
: Voir *Commandes du widget Scroll* plus haut.

$*entry*->selectionAdjust(*index*);
: Ajuste l'extrémité la plus proche de la sélection courante pour qu'elle soit à *index* et positionne l'autre extrémité au point d'ancrage.

$*entry*->selectionClear;
: Nettoie la sélection si elle se trouve actuellement dans le widget.

$*entry*->selectionFrom(*index*);
: Définit le point d'ancrage à la position *index*.

$*entry*->selectionPresent;
: Retourne 1 si un caractère quelconque est sélectionné, sinon 0.

$*entry*->selectionRange(*début*, *fin*);
: Sélectionne les caractères depuis *début* jusqu'au caractère juste avant *fin*.

$*entry*->selectionTo(*index*);

Définit la sélection comme s'étendant de *index* au point d'ancrage.

# *Le widget Listbox*

## *Options du widget Listbox*

| | |
|---|---|
| `-background` | `-relief` |
| `-borderwidth` | `-selectbackground` |
| `-cursor` | `-selectborderwidth` |
| `-exportselection` | `-selectforeground` |
| `-font` | `-setgrid` |
| `-foreground` | `-takefocus` |
| `-height` | `-width` |
| `-highlightbackground` | `-xscrollcommand` |
| `-highlightcolor` | `-yscrollcommand` |
| `-highlightthickness` | |

`-selectmode single|browse|multiple|extended`

Indices de Listbox : *nombre* (débute à 0), `active`, `anchor`, `end`, @*x*,*y*

## *Commandes du widget Listbox*

$*listbox*->activate(*index*);

Définit l'élément actif à *index*.

$*listbox*->bbox(*index*);

Retourne une liste (*x*, *y*, *largeur*, *hauteur*) donnant une boîte de dimensionnement de caractère *approximée*, donnée par *index*.

$*listbox*->curselection;

Retourne la liste des index de tous les éléments couramment sélectionnés.

$*listbox*->delete(*index1* ?, *index2* ?);

Supprime la tranche d'éléments allant de *index1* à *index2* (valeur par défaut : *index1*).

$ *listbox*->get(*index1*?, *index2*?);
    Retourne une liste de contenus d'éléments de *index1* à *index2*.

$ *listbox*->index(*index*);
    Retourne la position *index* en notation *numérique*.

$ *listbox*->insert(*index* ?, *élément* ... ?);
    Insère les éléments spécifiés juste avant l'élément à *index*.

$ *listbox*->nearest(*y*);
    Retourne l'index de l'élément le plus proche de la *coordonnée y*.

$ *listbox*->scan(*args*);
    Voir *Commandes du widget Scroll* ci-dessus.

$ *listbox*->selectionAnchor(*index*);
    Définit l'ancre de sélection de l'élément positionné à *index*.

$ *listbox*->selectionClear(*premier* ?, *dernier*?);
    Désélectionne les éléments entre *premier* et *dernier* compris.

$ *listbox*->selectionIncludes(*index*);
    Retourne 1 si l'élément à *index* est sélectionné, sinon 0.

$ *listbox*->selectionSet(*premier* ?,*dernier*?);
    Ajoute à la sélection tous les éléments entre *premier* et *dernier* compris.

$ *listbox*->see(*index*);
    Ajuste la vue dans la fenêtre pour que l'élément à la position *index* soit entièrement visible.

$ *listbox*->size
    Retourne le nombre d'éléments de *listbox*.

$ *listbox*->xview | yview(*args*);
    Voir *Commandes du widget Scroll* ci-dessus.

# *Le widget Menu*

## *Options du widget Menu*

| | |
|---|---|
| `-activebackground` | `-cursor` |
| `-activeborderwidth` | `-disabledforeground` |
| `-activeforeground` | `-font` |
| `-background` | `-foreground` |
| `-borderwidth` | `-relief` |

`-postcommand =>` *callback*
: Spécifie que *callback* doit être invoqué immédiatement avant que le menu soit affiché.

`-selectcolor =>` *couleur*
: Spécifie la couleur pour les entrées bouton à cocher et bouton radio.

`-tearoff =>` *booléen*
: Spécifie si une ligne de détachement doit être prévue en haut du menu, comme première entrée.

`-tearoffcommand =>` *callback*
: Spécifie la commande à lancer lorsque le menu comporte une ligne de détachement. Le nom du menu et la nouvelle fenêtre de détachement seront ajoutés à l'invocation.

`-title =>` *chaîne*
: Utilise *chaîne* pour le titre de la fenêtre lorsque le menu est détaché.

`-type =>` *type*
: Utilisé durant la création pour spécifier `menubar`, `tearoff` ou `normal`.

Types d'entrées : `cascade, checkbutton, command, radiobutton, separator`

Index de Menu : *nombre* (débute à 0, normalement la ligne de détachement), `active, last, none,` @*y*, *matchPattern*

## *Commandes du widget Menu*

$*menu*->activate(*index*);

Modifie l'état de l'entrée à *index* pour qu'elle soit la seule entrée active du menu.

$*menu*->add(*type* ?, *-option* => *valeur* ... ?);

Ajoute une nouvelle entrée de type *type* au bas du menu. Voir ci-dessous pour les options.

$*menu*->cascade( ?*-option* => *valeur* ... ?);

Ajoute une nouvelle entrée en cascade au bas du menu. Voir ci-dessous pour les options.

$*menu*->checkbutton( ?*-option* => *valeur* ... ?);

Ajoute une nouveau bouton à cocher au bas du menu. Voir ci-dessous pour les options.

$*menu*->clone(*NomnouveauMenu* ?, *Type_de_clone* ?);

Clone $*menu* comme nouveau menu *NomnouveauMenu* de type *Type_de_clone* (voir `-type`).

$*menu*->command( ?*-option* => *valeur* ... ?);

Ajoute une nouvelle entrée de commande au bas du menu. Voir ci-dessous pour les options.

$*menu*->delete(*index1* ?, *index2* ?);

Supprime toutes les entrées entre *index1* et *index2* compris.

$*menu*->entrycget(*index*, *-option*);

Retourne la valeur courante de *-option* pour l'entrée à la position *index*.

$*menu*->entryconfigure(*index* ?, *-option* => *valeur* ... ?);

Définit les valeurs d'option de l'entrée à la position *index*.

$*menu*->index(*index*);

Retourne l'index correspondant à *index*.

$*menu*->insert(*index*, *type* ?, *-option* => *valeur* ... ?);

Identique à add mais insère une nouvelle entrée juste avant l'entrée à *index*.

$*menu*->invoke(*index*);

Invoque l'action de l'entrée du menu à *index*.

$*menu*->post(*x*, *y*);

Affiche le menu à l'écran aux coordonnées de la fenêtre racine données par *x*, *y*.

$*menu*->postcascade(*index*);

Affiche le sous-menu associé à l'entrée en cascade à la position *index*.

$*menu*->radiobutton(?*-option* => *valeur* ... ?);

Ajoute une nouvelle entrée de type bouton radio au bas du menu. Voir ci-dessous pour les options.

$*menu*->separator(?*-option* => *valeur* ... ?);

Ajoute une nouvelle entrée de type séparateur au bas du menu. Voir ci-dessous pour les options.

$*menu*->type(*index*);

Retourne le type d'entrée de menu à *index*.

$*menu*->unpost;

Supprime le mappage de la fenêtre de sorte qu'elle ne soit plus affichée.

$*menu*->ypostion(*index*);

Retourne les coordonnées y du pixel le plus haut de l'entrée spécifiée par *index* à l'intérieur de la fenêtre menu.

## *Options du menu Entry*

Les options suivantes fonctionnent pour toutes les entrées : en cascade, bouton à cocher, commande et bouton radio (sauf disposition contraire).

```
-activebackground        -foreground
-activeforeground        -image
-background              -state
-bitmap                  -underline
-font
```

`-accelerator` => *chaîne*

Spécifie une chaîne à afficher sur le côté droit de l'entrée du menu.

`-columnbreak` => *valeur*

Lorsque *valeur* est 1, l'entrée apparaît au sommet d'une nouvelle colonne dans le menu.

`-commande` => *callback*
: *callback* à exécuter lorsque l'entrée est invoquée.

`-hidemargin` => *valeur*
: Lorsque *valeur* est 1, les marges standard ne sont pas dessinées autour de l'entrée.

`-indicatoron` => *booléen*
: Spécifie si l'indicateur d'entrée d'un bouton à cocher ou d'un bouton radio doit être affiché ou non.

`-label` => *chaîne*
: Chaîne à afficher sur le côté gauche de l'entrée du menu.

`-menu` => *Ref_menu*
: *Ref_menu* d'un menu à afficher lorsqu'une entrée en cascade est active.

`-offvalue` => *valeur*
: Valeur à stocker dans la variable de l'entrée bouton à cocher associée lorsqu'il est désélectionné.

`-onvalue` => *valeur*
: Valeur à stocker dans la variable de l'entrée bouton à cocher associée lorsqu'il est sélectionné.

`-selectcolor` => *couleur*
: Couleur de l'indicateur dans les entrées bouton à cocher et bouton radio.

`-selectimage` => *image*
: Image à dessiner dans l'indicateur des entrées de boutons à cocher ou de boutons radio.

`-value` => *valeur*
: Valeur à stocker dans la variable d'une entrée bouton radio associée lorsqu'il est sélectionné.

`-variable` => *ref_var*
: Nom de la variable globale à définir lors de la sélection d'un bouton à cocher ou d'un bouton radio.

# *Le widget Text*

## *Options du widget Text*

| | |
|---|---|
| `-background` | `-insertwidth` |
| `-borderwidth` | `-padx` |
| `-cursor` | `-pady` |
| `-exportselection` | `-relief` |
| `-font` | `-selectbackground` |
| `-foreground` | `-selectborderwidth` |
| `-height` | `-selectforeground` |
| `-highlightbackground` | `-setgrid` |
| `-highlightcolor` | `-state` |
| `-highlightthickness` | `-takefocus` |
| `-insertbackground` | `-width` |
| `-insertborderwidth` | `-xscrollcommand` |
| `-insertofftime` | `-yscrollcommand` |
| `-insertontime` | |

`-spacing1` => *taille* Espace, en unités d'écran, au-dessus des paragraphes.

`-spacing2` => *taille* Espace en unités d'écran entre les lignes de paragraphes.

`-spacing3` => *taille* Espace en unités d'écran en dessous des paragraphes.

`-tabs` => *liste_tabs*
Jeu de taquets de tabulation sous forme d'une liste de distances d'écran donnant leur position. Chaque taquet peut être suivi par l'une des valeurs `left`, `right`, `center` ou `numeric`.

`-wrap` => `none| char| word`
Définit le pliage de lignes.

## *Index de Text*

Syntaxe : *base ?modifier ... ?*

Base : *ligne.car* (*ligne* débute à 1, *car* débute à 0), @*x*,*y*, `end`, *marque*, *tag*.`first`, *tag*.`last`, *ref_widget* (fenêtre insérée), *image* (image insérée).

Modificateur : ± *count* `chars`, ± *count* `lines`, `linestart`, `lineend`, `wordstart`, `wordend`.

Plages : elles comprennent tous les caractères depuis l'index de départ vers le haut, non compris le caractère à l'index de stop.

## *Options du tag Text*

| | |
|---|---|
| `-background` | `-relief` |
| `-borderwidth` | `-spacing1` |
| `-font` | `-spacing2` |
| `-foreground` | `-spacing3` |
| `-justify` | `-wrap` |

`-bgstipple` => *bitmap* — Motif en pointillé pour l'arrière-plan.

`-fgstipple` => *bitmap* — Motif en pointillé pour l'arrière-plan.

`-lmargin1` => *taille* — Marge gauche de la première ligne.

`-lmargin2` => *taille* — Marge gauche des lignes pliées.

`-offset` => *taille* — Décalage de la ligne de base par rapport à la ligne de base normale.

`-overstrike` => *booléen* — Définit si le texte doit être barré.

`-rmargin` => *taille* — Marge droite de toutes les lignes.

`-tabs` => *tabList* — Jeu de taquets de tabulation (voir `-tabs` ci-dessus).

`-underline` => *booléen* — Définit si le texte doit être souligné.

## *Options de la fenêtre Text imbriquée*

Utilisez *-window* pour passer une référence de widget Perl/Tk à windowCreate. Génère les fenêtres insérées avec windowConfigure et windowCget.

`-align => top| center| bottom| baseline`
Précise l'emplacement où la fenêtre est affichée sur la ligne.

`-create =>` *callback*
Sous-routine pour créer et retourner une référence de widget si aucune option `-window` n'est fournie.

`-padx =>` *largeur*
Espace supplémentaire, en unités d'écran, ménagé à gauche et à droite de la fenêtre.

`-pady =>` *hauteur*
Espace supplémentaire, en unités d'écran, ménagé au-dessus et en dessous de la fenêtre.

`-stretch =>` *booléen*
Définit si la fenêtre doit être étirée verticalement pour remplir la ligne.

`-window =>` *ref_widget*
Widget à afficher.

## *Options de l'image Text incrustée*

`-align => top| center| bottom| baseline`
Définit où l'image est affichée sur la ligne.

`-image =>` *image*
Spécifie l'image Tk à utiliser pour l'incrustation.

`-name =>` *imageName*
Spécifie le nom à utiliser pour référencer l'image incrustée.

`-padx =>` *largeur*
Espace supplémentaire, en unités d'écran, ménagé à gauche et à droite de l'image.

`-pady` => *hauteur*

Espace supplémentaire, en unités d'écran, ménagé au-dessus et en dessous de l'image.

## *Commandes du widget Text*

$*text*->bbox(*index*);

Retourne une liste (*x, y, largeur, hauteur*) donnant une boîte de dimensionnement de caractère approximée, fournie par *index*.

$*text*->compare(*index1, op, index2*);

Compare les indices *index1* et *index2* conformément à l'opérateur relationnel *op*.

$*text*->delete(*index1?, index2?*);

Supprime une plage de caractères (*index2* devient par défaut *index1* + `1` *car*).

$*text*->dlineinfo(*index*);

Retourne une liste (*x, y, largeur, hauteur, baseline*) décrivant la zone d'écran occupée par la ligne d'affichage à la position d'*index*.

$*text*->dump( ?*switches,* ? *index1* ?, *index2* ?);

Retourne une information détaillée sur le contenu du widget *text* dans la plage *index1* à *index2*. Les commutateurs `-all`, `-mark`, `-tag`, `-text`, `-window` permettent de spécifier le type d'information retournée. Le commutateur `-command` => *callback* existe pour invoquer une procédure sur chaque type d'élément dans la plage.

$*text*->get(*index1* ?, *index2* ?);

Retourne une chaîne de caractères dans la plage (*index2* devient par défaut *index1* + `1` *car*).

$*text*->imageCget(*index, option*);

Retourne la valeur courante de *option* pour l'image incrustée à *index*.

$*text*->imageConfigure(*index* ?, *option* => ?*valeur*? ?);

Modifie les options spécifiques à une image incrustée pour l'image à *index*.

$*text*->imageCreate(*index* ?, *option* => *valeur*?);

Crée une nouvelle image incrustée à la position *index* en utilisant les options spécifiées.

$*text*->imageNames;

Retourne une liste des noms de toutes les images incrustées dans le widget text.

$*text*->index(*index*);

Retourne la position *index* en notation *ligne.car*.

$*text*->insert(*index* ?, *chaîne* ?, *liste_de_tags, chaîne, liste_de_tags* ...??);

Insère *chaîne* dans le texte à *index* à l'aide des tags de *liste_de_tags*.

$*text*->markGravity(*nom_marque* => ?`left`| `right`?);

Retourne (ou définit) le caractère adjacent auquel une marque est attachée.

$*text*->markNames

Retourne une liste des noms de toutes les marques couramment définies.

$*text*->markNext | markPrevious(*index*);

Retourne le nom de la prochaine/précédente marque à ou après/avant *index*.

$*text*->markSet(*nom_marque* => *index*);

Définit une marque *nom_marque* à positionner juste avant le caractère à *index*.

$*text*->markUnset(*nom_marque* ?, *nom_marque* ... ?);

Enlève toutes les marques spécifiées ; dès lors, elles ne sont plus utilisables comme index.

$*text*->scan(*args*);

Voir *Commandes du widget Scroll* ci-dessus.

$*text*->search(?*switches*, ? *masque*, *index* ?, *stopIndex*?);

Retourne l'index du premier caractère correspondant à *masque* dans la plage de texte allant de *index* à *stopIndex*. Commutateurs : `-forwards`,
`-backwards`, `-exact`, `-regexp`, `-count` => *var*, `-nocase`}

$*text*->see(*index*);

Ajuste la vue à la fenêtre pour que le caractère à *index* soit complètement visible.

$*text*->tagAdd(*nom_tag, index1 ?, index2?*);
: Applique le tag *nom_tag* à la plage (*index2* prend comme valeur par défaut *index1* + `1 car`).

$*text*->tagBind(*nom_tag ?, sequence ?, script??*);
: Force le lancement de *script* chaque fois qu'un événement *sequence* survient pour un caractère avec le tag *nom_tag*.

$*text*->tagCget(*nom_tag => -option*);
: Retourne la valeur courante de *-option* pour le tag *nom_tag*.

$*text*->tagConfigure(*nom_tag ?, -option ?, valeur ?, -option => valeur ...?*);
: Modifie les options spécifiques au tag *nom_tag*.

$*text*->tagDelete(*nom_tag ?, nom_tag ...?*);
: Supprime toute l'information sur les tags pour certains tags donnés.

$*text*->tagLower(*nom_tag ?, sousCela?*);
: Modifie la priorité du tag *nom_tag* pour qu'il soit juste en dessous du tag *sousCela*.

$*text*->tagNames(*?index?*);
: Retourne une liste des noms de tous les tags associés au caractère à *index*. Si *index* n'est pas spécifié, retourne la liste de tous les tags définis dans le widget.

$*text*->tagNextrange(*nom_tag, index1 ?, index2?*);
: Recherche la plage de caractères *index1* à *index2* (défaut : `end`) pour la première région marquée à l'aide de *nom_tag*. Retourne la plage de caractères de la région trouvée.

$*text*->tagPrevrange(*nom_tag, index1 ?, index2?*);
: Identique à tagNextrange mais recherche en sens inverse depuis *index1* jusqu'à *index2* (défaut : 1.0).

$*text*->tagRaise(*nom_tag ?, surCela?*);
: Modifie la priorité du tag *nom_tag* pour qu'il soit juste au-dessus du tag *surCela*.

$*text*->tagRanges(*nom_tag*);
: Retourne une liste décrivant toutes les plages de caractères marquées à l'aide de *nom_tag*.

$*text*->tagRemove(*nom_tag, index1 ?, index2?*);
Enlève le tag *nom_tag* pour tous les caractères de la plage *index1* à *index2*.

$*text*->windowCget(*index, -option*);
Retourne la valeur courante de *-option* pour la fenêtre incrustée à *index*.

$*text*->windowConfigure(*index ?, -option ? => valeur ... ?*);
Modifie les options spécifiques aux fenêtres incrustées pour la fenêtre à *index*.

$*text*->windowCreate(*index ?, -option => valeur ... ?*);
Crée une nouvelle fenêtre incrustée à la position *index* avec les options spécifiées.

$*text*->windowNames;
Retourne la liste des noms de toutes les fenêtres incrustées dans le widget.

$*text*->xview | yview(*args*);
Voir *Commandes du widget Scroll* ci-dessus.

# *Autres widgets standard*

## *Button*

```
-activebackground        -highlightthickness
-activeforeground        -image
-anchor                  -justify
-background              -padx
-bitmap                  -pady
-borderwidth             -relief
-commande                -state
-cursor                  -takefocus
-disabledforeground      -text
-font                    -textvariable
-foreground              -underline
-height                  -width
-highlightbackground     -wraplength
-highlightcolor
```

`-défaut`=>*state*

Définit l'état de la chaîne par défaut, ayant l'une des valeurs suivantes : `active`, `normal` ou `disabled`.

`$`*button*->flash;

Alterne les couleurs du bouton à cocher entre active et normal.

`$`*button*->invoke;

Bascule l'état de sélection du bouton et invoque le callback spécifié avec `-command`.

## *Checkbutton*

| | |
|---|---|
| `-activebackground` | `-highlightthickness` |
| `-activeforeground` | `-image` |
| `-anchor` | `-justify` |
| `-background` | `-padx` |
| `-bitmap` | `-pady` |
| `-borderwidth` | `-relief` |
| `-commande` | `-state` |
| `-cursor` | `-takefocus` |
| `-disabledforeground` | `-text` |
| `-font` | `-textvariable` |
| `-foreground` | `-underline` |
| `-height` | `-width` |
| `-highlightbackground` | `-wraplength` |
| `-highlightcolor` | |

`-indicatoron =>` *booléen*

Précise si l'indicateur doit être ou non dessiné.

`-offvalue =>` *valeur*

Valeur donnée à une variable spécifiée avec l'option `-variable` lorsque le bouton à cocher est désélectionné.

`-onvalue =>` *valeur*

Valeur donnée à une variable spécifiée avec l'option `-variable` lorsque le bouton à cocher est sélectionné.

`-selectcolor =>` *couleur*

Couleur utilisée pour le remplissage de l'indicateur lorsqu'il est sélectionné.

`-selectimage =>` *image*

Image affichée dans l'indicateur lorsqu'il est sélectionné.

`-variable =>` *ref_var*

Variable à associer au bouton à cocher.

`$`*checkbutton*->deselect;

Désélectionne le bouton à cocher.

`$`*checkbutton*->flash;

Alterne les couleurs du bouton à cocher entre active et normale.

`$`*checkbutton*->invoke;

Bascule l'état de sélection du bouton à cocher et invoque le *callback* spécifié par `-command`, s'il y a lieu.

`$`*checkbutton*->select;

Sélectionne le bouton à cocher.

`$`*checkbutton*->toggle;

Bascule l'état de sélection du bouton à cocher.

## *Frame*

```
-borderwidth              -highlightthickness
-cursor                   -relief
-height                   -takefocus
-highlightbackground      -width
-highlightcolor
```

`-background =>` *couleur*

Identique à standard, excepté qu'il peut s'agir d'une chaîne vide pour préserver la palette des couleurs.

`-class =>` *nom*

Nom de classe à utiliser dans la requête de la base de données d'options et pour les liaisons.

`-colormap =>` *palette de couleurs*

Palette de couleurs à utiliser pour la fenêtre si elle est différente de celle de la fenêtre parent.

`-container =>` *booléen*

Détermine si le frame sera un conteneur destiné à inclure une autre application.

`-visual =>` *visuel*

Information visuelle à utiliser pour la fenêtre si elle est différente de la fenêtre parent.

## *Label*

| | |
|---|---|
| -anchor | -bitmap |
| -background | -borderwidth |
| -cursor | -padx |
| -font | -pady |
| -foreground | -relief |
| -height | -takefocus |
| -highlightbackground | -text |
| -highlightcolor | -textvariable |
| -highlightthickness | -underline |
| -image | -width |
| -justify | -wraplength |

## *Menubutton*

| | |
|---|---|
| -activebackground | -highlightthickness |
| -activeforeground | -image |
| -anchor | -justify |
| -background | -padx |
| -bitmap | -pady |
| -borderwidth | -relief |
| -cursor | -state |
| -disabledforeground | -takefocus |
| -font | -text |
| -foreground | -textvariable |
| -height | -underline |
| -highlightbackground | -width |
| -highlightcolor | -wraplength |

`-direction` => *direction*

Définit la direction où le menu doit surgir ; *direction* prend l'une des valeurs suivantes : `above`, `below`, `left`, `right` ou `flush`.

`-indicatoron` => *booléen*

Si vrai, alors un petit indicateur sera affiché sur le côté droit du bouton et les liaisons du menu par défaut vont le traiter comme un bouton de menu option.

`-menu` => *Ref_menu*
Le widget Menu à afficher lorsque le bouton est invoqué.

`-menuitems` => [ [*type*, *étiquette*?, *-option* => *valeur*?] ]
Une liste d'items de menu *types*, comme button, avec le texte *étiquette* et des paramètres optionnels. Les `-menuitems` peuvent être enboîtés. Ceci permet de créer un menu entier à base de boutons avec une structure de données (voir *Le widget Menu*).

## *Message*

```
-anchor                    -justify
-background                -padx
-borderwidth               -pady
-cursor                    -relief
-font                      -takefocus
-foreground                -text
-highlightbackground       -textvariable
-highlightcolor            -width
-highlightthickness
```

`-aspect` => *entier*
Affiche le texte selon le ratio *largeur de texte*/*hauteur de texte* multiplié par 100.

## *RadioButton*

```
-activebackground          -highlightthickness
-activeforeground          -image
-anchor                    -justify
-background                -padx
-bitmap                    -pady
-borderwidth               -relief
-command                   -state
-cursor                    -takefocus
-disabledforeground        -text
-font                      -textvariable
-foreground                -underline
```

`-height` `-width`
`-highlightbackground` `-wraplength`
`-highlightcolor`

`-indicatoron =>` *booléen*
Précise si l'indicateur doit être ou non dessiné.

`-selectcolor =>` *couleur*
Couleur utilisée pour remplir l'indicateur lorsqu'il est sélectionné.

`-selectimage =>` *image*
Image affichée dans l'indicateur lorsqu'il est sélectionné.

`-value =>` *valeur*
Valeur donnée à la variable spécifiée avec l'option `-variable` lorsque le bouton radio est sélectionné.

`-variable =>` *ref_var*
Variable à associer avec un bouton radio.

$*radiobutton*->deselect;
Désélectionne le bouton radio.

$*radiobutton*->flash;
Alterne les couleurs du bouton radio entre active et normale.

$*radiobutton*->invoke;
Bascule l'état de la sélection du bouton radio et invoque le *callback* spécifié avec `-command`, s'il y a lieu.

$*radiobutton*->select;
Sélectionne le bouton radio.

## *Scale*

`-activebackground` `-highlightthickness`
`-background` `-orient`
`-borderwidth` `-relief`
`-cursor` `-repeatdelay`
`-foreground` `-repeatinterval`
`-font` `-state`
`-highlightbackground` `-takefocus`
`-highlightcolor` `-troughcolor`

`-bigincrement` => *flottant*
Une valeur réelle à utiliser pour des incréments d'échelle importants.

`-commande` => *callback*
Spécifie un *callback* à invoquer lorsque la valeur d'échelle est modifiée. La valeur d'échelle sera ajoutée comme argument additionnel.

`-digits` => *entier*
Un entier spécifiant le nombre de chiffres significatifs à prendre en compte.

`-from` => *nombre*
Une valeur réelle correspondant à l'extrémité gauche ou supérieure de l'échelle.

`-label` => *chaîne*
Une chaîne à afficher comme étiquette pour l'échelle.

`-length` => *taille*
Spécifie la hauteur (largeur) d'échelles verticales (horizontales).

`-resolution` => *nombre*
Arrondit la valeur d'échelle à un multiple pair de la valeur réelle, *nombre*.

`-showvalue` => *booléen*
Définit si la valeur courante de l'échelle doit être affichée dans une étiquette adjacente.

`-sliderlength` => *taille*
Taille du curseur, mesurée le long de la plus grande dimension de la glissière.

`-sliderrelief` => *relief*
Spécifie le relief utilisé pour afficher le curseur.

`-tickinterval` => *nombre*
Une valeur pour spécifier l'espacement entre les marques affichées sur l'échelle.

`-to` => *nombre*
Une valeur réelle correspondant à l'extrémité droite ou basse de l'échelle.

`-variable` => *ref_var*
Nom d'une variable globale liée à l'échelle.

`-width` => *largeur*
Petite dimension de l'échelle (bordures non comprises).

$*scale*->coords(?*valeur*?);
Retourne les coordonnées x et y du point correspondant à *valeur*.

$*scale*->get(?*x*, *y*?);
Si *x*, *y* sont donnés, retourne la valeur d'échelle à la position de ces coordonnées. Sinon, c'est la valeur courante de l'échelle qui est retournée.

$*scale*->identify(*x*, *y*);
Retourne une chaîne indiquant la partie de l'échelle à la position *x*, *y*. Peut être : `slider`, `trough1`, `trough2` ou vide.

$*scale*->set(*valeur*);
Définit la valeur courante de l'échelle à *valeur*.

## *ScrollBar*

| | |
|---|---|
| `-activebackground` | `-jump` |
| `-background` | `-orient` |
| `-borderwidth` | `-relief` |
| `-cursor` | `-repeatdelay` |
| `-highlightbackground` | `-repeatinterval` |
| `-highlightcolor` | `-takefocus` |
| `-highlightthickness` | `-troughcolor` |

`-activerelief` => *relief*
Relief à utiliser lors de l'affichage de l'élément actif.

`-command` => *callback*
Spécifie le *callback* à invoquer pour modifier la vue dans le widget associé à la barre de défilement.

`-elementborderwidth` => *largeur*
Largeur des bordures autour des éléments internes (flèches et curseurs).

`-width` => *largeur*

Petite dimension de la barre de défilement (bordures non comprises).

Éléments : arrow1, trough1, slider, trough2, arrow2

$*scrollbar*->activate(?*élément*?);

Affiche *élément* avec les attributs actifs.

$*scrollbar*->delta(*deltaX, deltaY*);

Retourne les changements de position *deltaX,deltaY* relatifs aux mouvements du curseur.

$*scrollbar*->fraction(*x, y*);

Retourne un nombre réel entre 0 et 1 indiquant où se trouve le point désigné par les coordonnées en pixels *x, y* dans la zone transversale de la barre de défilement.

$*scrollbar*->get;

Retourne les paramètres de la barre de défilement courante sous forme de liste (*premier, dernier*).

$*scrollbar*->identify(*x, y*);

Retourne le nom de l'élément de coordonnées *x, y* en pixels.

$*scrollbar*->set(*premier, dernier*);

Décrit la vue courante du widget associé où *premier* et *dernier* représentent la distance en pourcentage du début du widget par rapport au commencement et à la fin de la vue.

## *Toplevel*

| | |
|---|---|
| `-borderwidth` | `-highlightthickness` |
| `-cursor` | `-relief` |
| `-height` | `-takefocus` |
| `-highlightbackground` | `-width` |
| `-highlightcolor` | |

`-background` => *couleur*

Identique à standard, mais peut être vide pour préserver l'espace de la palette.

`-class` => *chaîne*
Nom de classe de la fenêtre devant être utilisée par la base de données des options.

`-colormap` => *palette de couleurs*
Palette à utiliser pour la fenêtre. Peut être le mot `new`, une référence widget d'un autre niveau, ou vide pour la palette par défaut de l'écran.

`-container` => *booléen*
Définit si le niveau supérieur est un conteneur utilisé pour insérer une autre application.

`-menu` => *menuref*
Spécifie le widget menu de niveau supérieur.

`-screen` => *ecran*
L'écran sur lequel on place la fenêtre.

`-use` => *ID_fenêtre*
Le niveau supérieur doit être incrusté dans la fenêtre identifiée par *ID_fenêtre* (voir l'information sur la commande id) qui est créée comme conteneur.

`-visual` => *visuel*
Spécifie le *visuel* à utiliser pour la fenêtre.

# *Les widgets Perl/Tk*

Voici Tix et d'autres widgets spécifiques à Perl/Tk. Ces widgets et leurs méthodes sont définis via une instruction use ; par exemple :

use Tk::widgets qw/Tk::Adjuster Tk::ColorEditor/;

## *Adjuster*

*Adjuster* permet l'ajustement de la taille des widgets packés par le programmeur.

```
-borderwidth          -highlightthickness
-cursor               -relief
-height               -takefocus
```

```
-highlightbackground    -width
-highlightcolor
```

`$`*widget*->packAdjust(?*packOptions*?);

Si `$`*widget* est packé avec `-side => left|right`, la largeur est alors ajustée. Si `$`*widget* est packé avec `-side => top|bottom`, c'est la hauteur qui est ajustée.

## *Balloon*

*Balloon* fournit un cadre pour créer et attacher des bulles d'aide à divers widgets ; lorsque le curseur de la souris fait une pause au-dessus du widget, au-delà d'un certain laps de temps, une bulle d'aide surgit à l'écran.

```
-borderwidth             -highlightbackground
-cursor                  -highlightcolor
-height                  -highlightthickness
-relief                  -width
-takefocus
```

`-initwait =>` *délai*

Définit une attente en millisecondes sans activité avant la présentation d'une bulle d'aide (valeur par défaut : 350 millisecondes). Cela s'applique uniquement aux bulles ; le message de la barre de statut est affiché instantanément.

`-state => balloon|status|both|none`

Indique respectivement que la bulle d'aide, l'aide de la barre de statut, les deux ou aucune devraient être activées lorsque la souris fait un arrêt au-dessus du widget client.

`-statusbar =>` $widget

Spécifie le widget utilisé pour afficher le message de statut. Ce widget doit accepter l'option `-text` et est en fait une étiquette.

`$`*balloon*->attach($widget, -option => valeur ?,...?);

Attache le widget indiqué par $*widget* au système d'aide.

`-statusmsg =>` *message_de_statut*

Message affiché sur la barre de statut lorsque la souris passe au-dessus du client. Si *message_de_statut* n'est pas spécifié mais, par contre, si *-msg* l'est, le message affiché alors sur la barre de statut est le même que l'argument de *-msg*.

`-balloonmsg =>` *msg_dans_bulle*

Message affiché dans la bulle lorsque la souris s'immobilise sur le client. Comme pour *-statusmsg,* si rien n'est spécifié, il prend sa valeur de la spécification *msg*. Si *-balloonmsg* ou *-msg* ne sont pas spécifiés, une bulle vide surgit.

`-msg =>` *message_défaut*

Fourre-tout pour *-statusmsg* et *-balloonmsg*. C'est une manière commode de spécifier le même message à afficher à la fois dans une bulle et sur la barre de statut.

`$`*balloon*->detach($*widget*);

Détache le widget spécifié du système d'aide.

## *BrowseEntry*

*BrowseEntry* est une version étendue de *LabEntry* qui fournit un bouton pour faire apparaître les choix entre différentes valeurs possibles que peut prendre Entry.

```
-borderwidth              -highlightthickness
-cursor                   -relief
-height                   -takefocus
-highlightbackground      -width
-highlightcolor
```

`-listwidth =>` *largeur*

Spécifie la *largeur* de la boîte de liste pop-up.

`-variable =>` *ref_var*

Définit l'aire de stockage de la valeur entrée.

`-browsecmd =>` *callback*

Spécifie une fonction à appeler lorsqu'une sélection est effectuée. Elle est passée au widget et le texte de l'entrée est sélectionné. Cette fonction est appelée après que *ref_var* ait reçu une valeur.

`-listcmd` => *callback*
Spécifie la fonction à appeler lorsque le bouton proche de l'entrée est pressé pour faire surgir les choix de la boîte de liste. Elle est appelée avant l'apparition de la boîte de liste, de sorte qu'elle peut être utilisée pour remplir les entrées de cette boîte.

`$`*browse*->insert(*index, chaîne*);
Insère le texte de *chaîne* à l'*index* spécifié. Cette *chaîne* est alors disponible comme choix parmi d'autres.

`$`*browse*->delete(*index1?, index2?*);
Supprime des éléments de *index1* à *index2*.

## *ColorEditor*

*ColorEditor* est un widget de sélection de couleurs d'usage général qui opère en mode RVB, TSL ou CMJ.

```
-borderwidth              -height
-cursor                   -highlightbackground
-highlightcolor           -takefocus
-highlightthickness       -width
-relief
```

`-title` => *chaîne*
Titre de niveau supérieur, défaut = `''`.

`-cursor`=> *curseur*
Spécification valide d'un curseur Tk (la valeur par défaut est *top_left_arrow*). Ce curseur est utilisé en association avec *ColorEditor* pour toutes les zones névralgiques.

`-command` => *callback*
Remplacement optionnel du configurateur de couleurs set_colors.

`-widgets` => [*liste_widgets*]
Une référence à une liste de widgets pour le configurateur de couleurs.

`-display_status` => *booléen*
Fixé à *true* pour afficher le statut de la fenêtre de *ColorEditor* lorsqu'on applique les couleurs.

`-add_menu_item =>` *chaîne_item*
' SEP' (un séparateur), ou un attribut couleur d'un item de menu.

`-delete_menu_item =>` *chaîne_item*
' SEP', un attribut couleur d'un item de menu ou un attribut couleur d'un numéro d'ordre de menu.

$*cedit*->Show;
Affiche la fenêtre principale de l'éditeur *ColorEditor*.

$*cedit*->delete_widgets([*liste_widgets*]);
Référence à une liste de widgets à soustraire du contrôle de *ColorEditor*.

## *Dialog*

*Dialog* crée une fenêtre de dialogue modale comportant un message et des boutons et attend une réponse de l'utilisateur.

```
-borderwidth            -highlightbackground
-cursor                 -highlightcolor
-height                 -highlightthickness
-relief                 -width
-takefocus
```

`-title =>` *chaîne*
Titre à afficher dans la partie décorative du cadre de la boîte de dialogue.

`-text =>` *chaîne*
Message à afficher dans le widget du dialogue.

`-bitmap =>` *bitmap*
Bitmap à afficher dans le dialogue.

`-défaut_button =>` *chaîne*
Étiquette de texte du bouton qui doit afficher la chaîne par défaut.

`-buttons =>` [*@etiquettes_bouton*]
Référence à une liste d'étiquettes de boutons.

$*dialog*->Show(?*-global*?);
Affiche une boîte de dialogue et retourne la sélection sous forme de chaîne. La capture est locale sauf si *-global* est spécifié.

## *DialogBox*

*Dialog* crée une boîte de dialogue modale avec un message et des boutons et attend une réponse de l'utilisateur. Il autorise en outre tout widget dans le cadre supérieur.

| | |
|---|---|
| `-borderwidth` | `-highlightthickness` |
| `-cursor` | `-relief` |
| `-height` | `-takefocus` |
| `-highlightbackground` | `-width` |
| `-highlightcolor` | |

`-title =>` *chaîne*
: Titre à afficher dans le cadre décoratif de la boîte de dialogue.

`-text =>` *chaîne*
: Message à afficher dans le dialogue widget.

`-bitmap =>` *bitmap*
: Bitmap à afficher dans la boîte de dialogue.

`-défaut_button =>` *chaîne*
: Étiquette du bouton devant afficher la chaîne par défaut.

`-buttons =>` [@*button_labels*]
: Référence à une liste d'étiquettes de boutons.

`$`*dialog*->add(*classe_de_widget*, ?*options*?);
: Crée un widget de la classe *classe_de_widget* et l'ajoute à la boîte de dialogue. Retourne la référence du widget et en fait état à l'aide d'Advertise sous le nom *classe_de_widget*.

`$`*dialog*->Show(?-*global*?);
: Affiche le dialogue et retourne la sélection sous forme de chaîne. La capture est locale sauf si -*global* est spécifié.

## *DirTree*

*DirTree* affiche une vue de liste d'un répertoire, ses répertoires parent et ses sous-répertoires. Un widget *DirTree* est dérivé de la classe Tree et hérite de toutes ses commandes, options et sous-widgets.

| | |
|---|---|
| `-background` | `-relief` |
| `-borderwidth` | `-selectbackground` |
| `-cursor` | `-selectborderwidth` |
| `-exportselection` | `-selectforeground` |
| `-font` | `-setGrid` |
| `-foreground` | `-takefocus` |
| `-height` | `-width` |
| `-highlightbackground` | `-xscrollcommand` |
| `-highlightcolor` | `-yscrollcommand` |
| `-highlightthickness` | |

`-browsecmd =>` *callback*

Invoque le *callback* avec l'entrée sélectionnée lorsqu'elle est passée en revue.

`-commande =>` *callback*

Invoque le *callback* avec l'entrée sélectionnée lorsqu'elle est activée.

`-dircmd =>` *callback*

Invoque le *callback* lorsqu'une liste de répertoire est requise pour un répertoire particulier. Le premier argument est le nom du répertoire, le second est une valeur *booléenne* indiquant si les sous-répertoires cachés doivent être listés.

`-showhidden =>` *booléen*

Spécifie si les répertoires cachés doivent être affichés. La valeur par défaut est *false*.

`-directory =>` *dirNom*

Nom du répertoire courant affiché dans le widget.

$*dtree*->chdir(*répertoire*);

Change le répertoire courant en *répertoire*.

# *ErrorDialog*

*ErrorDialog* est un widget bizarre qui intercepte les messages d'erreur destinés à STDERR et qui les affiche dans une fenêtre. Ce widget est créé par magie au moment où survient la première erreur d'arrière-plan ; il vous suffit d'inclure dans votre programme une instruction use Tk::ErrorDialog. Le fait de spécifier `-cleanupcode` ou `-appendtraceback` manuellement instancie l'objet ErrorDialog (voir Tk::Error).

| | |
|---|---|
| `-borderwidth` | `-highlightthickness` |
| `-cursor` | `-relief` |
| `-height` | `-takefocus` |
| `-highlightbackground` | `-width` |
| `-highlightcolor` | |

`-cleanupcode =>` *callback*
Spécifie si un traitement spécial d'erreur est requis.

`-appendtraceback =>` *booléen*
Précise s'il y a lieu d'accumuler les messages successifs de traceback. La valeur par défaut est *true*.

# *FileSelect*

*FileSelect* est un widget de sélection de fichiers et/ou répertoires.

| | |
|---|---|
| `-borderwidth` | `-highlightbackground` |
| `-cursor` | `-highlightcolor` |
| `-height` | `-highlightthickness` |
| `-relief` | `-width` |
| `-takefocus` | |

`-width =>` *largeur*
Largeur de boîtes de listes de fichiers ou répertoires.

`-height =>` *hauteur*
Hauteur de boîtes de listes de fichiers ou répertoires.

`-directory =>` *nom_chemin*
Chemin d'accès au répertoire.

`-filelabel` => *chaîne*
Étiquette du widget Entry.

`-filelistlabel` => *chaîne*
Étiquette du fichier du widget Listbox.

`-filter` => *chaîne*
Limite la recherche au joker *chaîne*.

`-dirlabel` => *chaîne*
Étiquette du répertoire du widget Entry.

`-dirlistlabel` => *chaîne*
Label du répertoire du widget Listbox.

`-accept` => *callback*
Écrase FileSelect ; accepte une sous-routine de votre cru.

`-create` => *booléen*
*Vrai* si c'est d'accord pour créer des répertoires.

`-verify` => [-verifyOptions]
Une liste d'opérateurs de tests de fichiers Perl et/ou de *callbacks* pour votre propre sous-routine de vérification. La sous-routine est implicitement appelée par un nom d'accès à un répertoire et un nom de fichier (ou de répertoire) et éventuellement des arguments optionnels.

$*fsel*->Show;
Affiche la fenêtre principale FileSelect ; retourne une sélection ou *undef*.

## *HList*

*HList* est utilisé pour afficher toutes les données ayant une structure hiérarchique, par exemple, l'arborescence du système de fichiers. Les entrées de la liste sont indentées et connectées par des branchements en fonction de leur place dans la hiérarchie.

```
-background           -relief
-borderwidth          -selectbackground
-cursor               -selectborderwidth
-exportselection      -selectforeground
-font                 -setGrid
```

| | |
|---|---|
| `-foreground` | `-takefocus` |
| `-height` | `-width` |
| `-highlightbackground` | `-xscrollcommand` |
| `-highlightcolor` | `-yscrollcommand` |
| `-highlightthickness` | |

`-browsecmd =>` *callback*
: Spécifie le *callback* invoqué lorsque l'utilisateur parcourt les entrées dans le widget HList.

`-columns =>` *entier*
: Spécifie le nombre de colonnes dans ce widget HList.

`-command =>` *callback*
: Spécifie le *callback* invoqué lorsque l'utilisateur sélectionne une entrée de liste.

`-drawbranch =>` *booléen*
: Vrai si un embranchement doit être dessiné pour relier les entrées de liste à leurs parents.

`-header =>` *booléen*
: Spécifie si les en-têtes doivent être affichés (voir la méthode header ci-dessous).

`-height =>` *entier*
: Spécifie la hauteur désirée pour la fenêtre, exprimée par un nombre de caractères.

`-indent => pixels|textchars`
: Spécifie le nombre de pixels ou de caractères de l'indentation horizontale entre une entrée de liste et sa filiation.

`-indicator =>` *booléen*
: Spécifie si les indicateurs doivent être affichés (voir les méthodes indicator ci-dessous).

`-indicatorcmd =>` *callback*
: Spécifie le *callback* exécuté lorsque l'utilisateur manipule l'indicateur d'une entrée HList. Le callback par défaut est invoqué à l'aide d'un argument implicite *chemin_d_acces* de l'entrée dont l'indicateur a été déclenché.

`-itemtype => imagetext|text|window`

Spécifie le type d'élément d'affichage.

`-selectbackground =>` *couleur*

Spécifie la couleur d'arrière-plan pour les entrées de liste sélectionnées.

`-selectborderwidth =>` *largeur*

Spécifie la largeur de la bordure 3-D à tracer autour des éléments sélectionnés.

`-selectforeground =>` *couleur*

Spécifie la couleur d'avant-plan pour les entrées de liste sélectionnées.

`-selectmode => single|browse|multiple|extended`

Spécifie un style parmi plusieurs pour la manipulation de la sélection.

`-sizecmd =>` *callback*

Spécifie le *callback* exécuté chaque fois que le widget HList change de taille.

`-separator =>` *chaîne*

Spécifie le caractère à utiliser comme caractère de séparation lors de l'interprétation des noms de chemins d'accès des entrées de liste. Par défaut, c'est le caractère "." qui est utilisé.

`-width =>` *largeur*

Spécifie la largeur en caractères désirée pour la fenêtre.

$*hlist*->add(*chemin_d_acces* ?, *-option* => *valeur*?);

Crée une nouvelle entrée de liste ayant *chemin_d_acces* comme chemin d'accès.

*-option* peut être :

`-at =>` index

Insère la nouvelle entrée de liste à la position fournie par la position *index*.

`-after =>` index

Insère la nouvelle entrée de liste après l'entrée identifiée par *index*.

`-before =>` index

Insère la nouvelle entrée de liste avant l'entrée identifiée par *index*.

`-data =>` *chaîne*
: Spécifie un scalaire Perl à associer à cette entrée de liste.

`-itemtype => imagetext|text|window`
: Spécifie le type de l'item d'affichage.

`-state => normal|disabled`
: Spécifie si cette entrée peut être sélectionnée ou invoquée par l'utilisateur.

$*hlist*->addchild(*parent* ?, *-option => valeur*?);
: Ajoute une nouvelle entrée enfant à la liste des entrées enfants de la liste *chemin_parent* et retourne la nouvelle entrée *chemin_d_acces.*

$*hlist*->anchorSet(*chemin_d_acces*);
: Définit l'ancre de l'entrée de liste identifiée par *chemin_d_acces.*

$*hlist*->anchorClear;
: Enlève l'ancre, si elle existe.

$*hlist*->columnWidth(*col* ?, *-car*? ?, *largeur*?);
: Réclame ou définit la largeur de la colonne *col.*

$*hlist*->columnWidth(*col* => '');
: Une chaîne vide indique que la largeur de la colonne doit être suffisamment large pour afficher dans cette colonne l'élément le plus large.

$*hlist*->columnWidth(*col, largeur*);
: Définit la colonne *col* à la largeur *largeur* en pixels.

$*hlist*->columnWidth(*col, -car => ncars*);
: La largeur est définie à la largeur moyenne occupée par le nombre de caractères *ncars* de la police spécifiée par l'option -font.

$*hlist*->deleteAll;
: Efface toutes les entrées de liste.

$*hlist*->deleteEntry(*chemin_d_acces*);
: Efface l'entrée *chemin_d_acces.*

$*hlist*->deleteOffsprings(*chemin_d_acces*);
: Supprime tous les rejetons de *chemin_d_acces.*

$*hlist*->deleteSiblings(*chemin_d_acces*);
: Supprime toutes les entrées de liste partageant le parent *chemin_d_acces.*

$*hlist*->dragsiteSet(*chemin_d_acces*);

Définit la zone de drag par l'entrée de liste identifiée par *chemin_d_acces.*

$*hlist*->dragsiteClear;

Supprime une zone de drag, si elle existe.

$*hlist*->dropsiteSet(*chemin_d_acces*);

Définit la zone de drop par l'entrée de liste identifiée par *chemin_d_acces.*

$*hlist*->dropsiteClear;

Supprime la zone de drop, si elle existe.

$*hlist*->entrycget(*chemin_d_acces, -option*);

Retourne la valeur courante de l'option de configuration *-option* pour *chemin_d_acces.*

$*hlist*->entryconfigure(*chemin_d_acces* ?, *-option* => *valeur*?);

Requiert ou modifie les options de configuration de l'entrée de liste *chemin_d_acces.*

$*hlist*->headerCget(*col, -option* );

Si la colonne *col* a un élément d'affichage d'en-tête, retourne la valeur de l'option spécifiée de l'élément d'en-tête.

$*hlist*->headerConfigure(*col* ?, *-option*? ?=> *valeur*?);

Requiert ou modifie les options de configuration de l'élément d'affichage de l'en-tête de colonne *col.*

$*hlist*->headerCreate(*col* ?, -itemtype => *type*? ?, *-option* => valeur ... ?);

Crée un nouvel élément d'affichage comme en-tête de la colonne *col.*

`-borderwidth` => largeur

Spécifie la largeur de bordure de cet élément d'en-tête.

`-headerbackground` => couleur

Spécifie la couleur de fond de cet élément d'en-tête.

`-relief` => relief

Spécifie le type de relief de la bordure de l'élément d'en-tête concerné.

$*hlist*->headerDelete(*col*);

Supprime l'élément d'affichage d'en-tête de la colonne *col.*

$*hlist*->headerExists(*col*);

Retourne vrai si un élément d'affichage d'en-tête existe pour la colonne *col*.

$*hlist*->headerSize(*col*);

Retourne une liste à deux éléments de la forme [*largeur*, *hauteur*] de l'élément d'affichage de l'en-tête de la colonne *col*.

$*hlist*->hideEntry(*chemin_d_acces*);

Dissimule l'entrée de liste identifiée par *chemin_d_acces*.

$*hlist*->indicatorCget(*chemin_d_acces, option*);

Retourne la valeur de l'option spécifiée de l'indicateur pour *chemin_d_acces*.

$*hlist*->indicatorConfigure(*chemin_d_acces* ?, *option*? ?=> *valeur*?);

Requiert ou modifie les options de configuration de l'élément d'affichage de l'indicateur de *chemin_d_acces*.

$*hlist*->indicatorCreate(*chemin_d_acces* ?, -itemtype => *type*? ?, *option* => *valeur*);

Crée un nouvel élément d'affichage comme indicateur pour *chemin_d_acces*.

$*hlist*->indicatorDelete(*chemin_d_acces*);

Supprime l'élément d'affichage de l'indicateur pour *chemin_d_acces*.

$*hlist*->indicatorExists(*chemin_d_acces*);

Retourne *true* (vrai) si un élément d'affichage de l'indicateur existe pour *chemin_d_acces*.

$*hlist*->indicatorSize(*chemin_d_acces*);

Retourne une liste à deux éléments de la forme [*largeur*, *hauteur*] de l'élément d'affichage de l'indicateur pour *chemin_d_acces*.

$*hlist*->infoAnchor;

Retourne le chemin d'accès de l'ancre courante.

$*hlist*->infoBbox(*chemin_d_acces*);

Retourne une liste de quatre nombres décrivant la boîte de dimensionnement visible du *chemin_d_acces*.

$*hlist*->infoChildren(?*chemin_d_acces*?);

Si *chemin_d_acces* est donné, retourne une liste des entrées de sa filiation, sinon retourne une liste du niveau principal.

$*hlist*->infoData(?*chemin_d_acces*?);

Retourne les données associées à *chemin_d_acces.*

$*hlist*->infoDragsite;

Retourne le chemin d'accès d'une zone de drag courante.

$*hlist*->infoDropsite;

Retourne le chemin d'accès d'une zone de drop courante.

$*hlist*->infoExists(*chemin_d_acces*);

Retourne une valeur booléenne indiquant si *chemin_d_acces* existe.

$*hlist*->infoHidden(*chemin_d_acces*);

Retourne une valeur booléenne indiquant si *chemin_d_acces* est caché.

$*hlist*->infoNext(*chemin_d_acces*);

Retourne le chemin d'accès de l'entrée de liste immédiatement en dessous de cette entrée de liste.

$*hlist*->infoParent(*chemin_d_acces*);

Retourne le nom du parent de *chemin_d_acces.*

$*hlist*->infoPrev(*chemin_d_acces*);

Retourne le chemin d'accès de l'entrée de liste immédiatement au-dessus de cette entrée de liste.

$*hlist*->infoSelection;

Retourne une liste d'entrées sélectionnées.

$*hlist*->itemCget(*chemin_d_acces, col, option*);

Retourne la valeur courante de *option* pour *chemin_d_acces* à la colonne *col.*

$*hlist*->itemConfigure(*chemin_d_acces, col, ?, option?, => ?valeur*);

Requiert ou modifie les options de configuration de *chemin_d_acces* à la colonne *col.*

$*hlist*->itemCreate(*chemin_d_acces, col, ?, -itemtype => type? ?, option => valeur*);

Crée un nouvel élément d'affichage à la colonne *col* de *chemin_d_acces.*

$*hlist*->itemDelete(*chemin_d_acces, col*);

Supprime l'élément d'affichage à la colonne *col* de *chemin_d_acces.*

$*hlist*->itemExists(*chemin_d_acces, col*);

Retourne *true* s'il y a un élément d'affichage à la colonne *col* de *chemin_d_acces.*

$*hlist*->nearest(*y*);

Retourne le chemin d'accès de l'élément visible le plus proche de la coordonnée *y*.

$*hlist*->see(*chemin_d_acces*);

Ajuste la vue de sorte que *chemin_d_acces* est visible.

$*hlist*->selectionClear(?*de*? ?, *à*?);

Désélectionne les entrées de liste *de* jusque *à*, y compris.

$*hlist*->selectionGet;

Alias pour la commande de widget infoSelection.

$*hlist*->selectionIncludes(*chemin_d_acces*);

Retourne *true* si *chemin_d_acces* est couramment sélectionné.

$*hlist*->selectionSet(*de* ?, *à*? );

Sélectionne les entrées de liste entre *de* et *à* comprise.

$*hlist*->showEntry (?*chemin_d_acces*?);

Affiche la liste de *chemin_d_acces*.

$*hlist*->xview;

Retourne une liste de deux nombres fractionnaires entre 0 et 1 décrivant l'espacement horizontal visible dans la fenêtre.

$*hlist*->xview(*chemin_d_acces*);

Ajuste la vue dans la fenêtre de sorte que l'entrée de liste identifiée par *chemin_d_acces* soit alignée sur le bord gauche de la fenêtre.

$*hlist*->xviewMoveto(*fraction*);

Ajuste la vue dans la fenêtre de sorte qu'une *fraction* de la largeur totale de HList soit hors écran par la gauche.

$*hlist*->xviewScroll(*int*, `units|pages`);

Déplace la vue dans la fenêtre vers la gauche ou la droite d'un nombre entier *int* de caractères ou d'écrans.

$*hlist*->yview;

Retourne une liste de fractions entre 0 et 1 décrivant l'espacement vertical visible dans la fenêtre.

$*hlist*->yview(*chemin_d_acces*);

Ajuste la vue dans la fenêtre pour que *chemin_d_acces* soit affichée au sommet de la fenêtre.

$*hlist*->yviewMoveto(*fraction*);

Ajuste la vue dans la fenêtre de sorte qu'une *fraction* de la hauteur totale de HList soit hors-écran par le haut.

$*hlist*->yviewScroll(*int*, `units|pages`);

Déplace la vue dans la fenêtre vers le haut ou vers le bas d'un nombre *int* de lignes ou d'écrans.

## *LabFrame*

*LabFrame* est un cadre étiqueté, sur l'un des côtés haut ou bas.

| | |
|---|---|
| `-borderwidth` | `-highlightthickness` |
| `-cursor` | `-relief` |
| `-height` | `-takefocus` |
| `-highlightbackground` | `-width` |
| `-highlightcolor` | |

`-label =>` *étiquette*

Le texte de l'étiquette à placer en compagnie du cadre.

`-labelside =>` *côté*

L'un des côtés suivants : `left`, `right`, `top`, `bottom` ou `acrosstop`.

## *NoteBook*

*NoteBook* affiche plusieurs fenêtres dans un espace limité. Le bloc-notes est organisé en une pile de pages dont une seule est affichée à la fois. Les autres pages peuvent être sélectionnées par l'intermédiaire d'*onglets* au sommet du widget.

| | |
|---|---|
| `-borderwidth` | `-highlightthickness` |
| `-cursor` | `-relief` |
| `-height` | `-takefocus` |
| `-highlightbackground` | `-width` |
| `-highlightcolor` | |

`-dynamicgeometry` => *booléen*

Si la valeur est *false*, toutes les pages du bloc-notes sont de la même taille. Si la valeur est *true*, le bloc-notes est redimensionné dynamiquement au cours de la sélection de différentes pages.

`-ipadx` => *pixels*

Le montant de l'espace horizontal interne en bordure de page.

`-ipady` => *pixels*

Le montant de l'espace vertical interne en bordure de page.

`$`*note*->add(*page*, *-option* => *valeur*);

Ajoute une page ayant pour nom *page* au bloc-notes. *-option* peut être :

`-anchor` => `n|ne|e|se|s|sw|w|nw|center`

Spécifie comment l'information d'un onglet doit être affichée.

`-bitmap` => bitmap

Spécifie un bitmap à afficher sur l'onglet d'une page. Le bitmap est affiché uniquement si aucune des options `-label` ou `-image` n'est spécifiée.

`-image` => image

Spécifie une image à afficher sur l'onglet d'une page. L'image est affichée uniquement si l'option `-label` n'est pas spécifiée.

`-label` => chaîne

Spécifie la chaîne de texte à afficher sur l'onglet de cette page.

`-justify` => `left|right|center`

Lorsque plusieurs lignes de texte sont affichées dans un onglet, cette option détermine la justification des lignes.

`-createcmd` => callback

*callback* invoqué lors du premier affichage de la page à l'écran.

`-raisecmd` => callback

*callback* invoqué chaque fois que la page est appelée par l'utilisateur.

`-state` => `normal|disabled`

Spécifie si cette page peut être appelée par l'utilisateur.

`-underline` => entier
Spécifie l'index d'un caractère à souligner dans l'onglet.

`-wraplength` => entier
Cette option spécifie la longueur de ligne maximum de l'étiquette sur cet onglet.

$*note*->delete(*page*);
Supprime la page identifiée par *page*.

$*note*->pagecget(*page*, *-option*);
Retourne la valeur courante de l'option de configuration fournie par *-option* de la page spécifiée par *page*. Les options peuvent prendre toute valeur acceptée par la méthode add.

$*note*->pageconfigure(*page*, *-option* => *valeur*);
Identique à configure pour la *page* indiquée. Les options peuvent être n'importe quelle option acceptée par la méthode add.

$*note*->raise(*page*);
Déclenche la page identifiée par *page*.

$*note*->raised;
Retourne le nom de la page couramment déclenchée.

## *Optionmenu*

Le widget *Optionmenu* permet à l'utilisateur de choisir entre un jeu d'options donné à l'aide d'une liste déroulante.

```
-activebackground        -highlightthickness
-activeforeground        -image
-anchor                  -justify
-background              -padx
-bitmap                  -pady
-borderwidth             -relief
-cursor                  -state
-disabledforeground      -takefocus
-font                    -text
-foreground              -textvariable
-height                  -underline
```

`-highlightbackground` `-width`
`-highlightcolor` `-wraplength`

`-options =>` [*liste_options*]
Les items de menu spécifiés comme référence à une liste de chaînes.

`-commande =>` *callback*
*callback* à invoquer après la définition de *ref_var* de `-textvariable`.

## *ROText*

*ROText* est un widget Text débarrassé de toutes les contraintes qui pourraient altérer le contenu du texte. Le texte peut être inséré par programmation, mais il ne peut être modifié par l'utilisateur.

## *Scrolled*

Perl/Tk propose le constructeur spécial Scrolled qui crée un widget avec des barres de défilement attachées, dans la mesure où la classe du widget supporte les commandes de défilement x/y , comme le font Canvas, Entry, Listbox et Text. Les barres de défilement peuvent être requises ou voir le jour uniquement lorsque le besoin s'en fait sentir.

`$`*scrolled* = `$`*parent*->Scrolled(*classe_de_widget* ...);

On peut spécifier des paires option/valeur qui sont passées au constructeur *classe_de_widget*.

`-scrollbars =>` *scrollbarSpecs*
Les paramètres `n`, `s`, `w` et `e` spécifient les barres en haut (nord), en bas (sud), à gauche (ouest) ou à droite (est), respectivement. La chaîne *sw* crée deux barres de défilement à gauche et en bas du widget. Le paramètre `o` signifie optionnel et `r` signifie requis ; ainsi, la chaîne `rwos` signifie : requis à l'ouest (barre verticale), optionnel au sud (barre horizontale).

## *TixGrid*

Ce widget affiche son contenu dans une grille de cellules à deux dimensions. Chaque cellule peut contenir un élément d'affichage Tix, qui peut être du texte, un graphique ou d'autres formats. Les cellules individuelles, ou les groupes de cellules, peuvent être formatés à l'aide d'une grande plage d'attributs, tels que `color`, `relief` et `border`.

| | |
|---|---|
| `-background` | `-pady` |
| `-borderwidth` | `-relief` |
| `-cursor` | `-selectbackground` |
| `-exportselection` | `-selectborderwidth` |
| `-font` | `-selectforeground` |
| `-foreground` | `-state` |
| `-height` | `-takefocus` |
| `-highlightbackground` | `-width` |
| `-highlightcolor` | `-xscrollcommand` |
| `-highlightthickness` | `-yscrollcommand` |
| `-padx` | |

`-browsecmd` => *callback*

Invoque le *callback* avec l'entrée sélectionnée lorsqu'elle est passée en revue. Le *callback* reçoit deux paramètres supplémentaires : *x* et *y*, représentant l'emplacement de la cellule.

`-commande` => *callback*

Invoque le *callback* avec l'entrée sélectionnée lorsqu'elle est activée.

`-editdonecmd` => *callback*

Invoque le *callback* avec l'entrée sélectionnée lorsqu'elle est éditée. Le *callback* reçoit deux paramètres supplémentaires : *x* et *y*, représentant l'emplacement de la cellule.

`-editnotifycmd` => *callback*

Invoque le *callback* avec l'entrée sélectionnée lorsqu'est effectuée une tentative d'édition d'une cellule. Le *callback* reçoit deux paramètres supplémentaires : *x* et *y*, représentant l'emplacement de la cellule. Retourne *true* si la cellule est éditable.

`-floatingcols` => *entier*

Nombre de colonnes qui est fixé lorsqu'un défilement horizontal du widget est effectué. Ces colonnes peuvent être utilisées comme étiquettes de colonnes. Les colonnes flottantes peuvent être configurées dans le callback `-formatcmd` grâce à la méthode formatBorder. La valeur par défaut est 0.

`-floatingrows` => *entier*

Nombre de lignes qui sont fixées lorsque le widget est déplacé verticalement. Ces lignes peuvent être utilisées comme étiquettes de lignes. Les lignes flottantes peuvent être configurées dans le callback `-formatcmd` grâce à la méthode formatBorder. La valeur par défaut est 0.

`-formatcmd` => *callback*

Invoque le *callback* lorsque les cellules de la grille nécessitent un formatage. Cinq paramètres sont fournis : *type*, *x1*, *y1*, *x2*, *y2*. *type* donne le type logique de la région de la grille et peut être :

x-region

La marge horizontale.

y-region

La marge verticale.

s-region

Région où la marge horizontale et la marge verticale sont mitoyennes.

main

Cellules qui ne rentrent pas dans les trois types définis plus haut.

*x1*, *y1*, *x2*, *y2*

Extension de la région qui nécessite un formatage.

`-leftmargin` => *entier*

Largeur de la marge verticale (0 aucune marge).

`-itemtype` => *type_d_item*

`text|textimage|window`.

`-selectmode` => *mode*

`single` (défaut), `browse|multiple|extended`.

`-selectunit` => *unité*

`cell|column|row`.

`-sizecmd` => *callback*

Invoque *callback* lorsque la grille est redimensionnée.

`-topmargin` => *entier*

La hauteur de la marge horizontale (0 en l'absence de marge).

$*tixgrid*->anchorClear;
Nettoie la cellule de l'ancre.

$*tixgrid*->anchorGet(*x*, *y*);
Retourne les coordonnées de la cellule de l'ancre.

$*tixgrid*->anchorSet(*x*, *y*);
Définit les coordonnées de la cellule de l'ancre.

$*tixgrid*->bdtype(*x*, *y* ?, *xbdlargeur*, *ybdlargeur*?);

$*tixgrid*->deleteColumn(*de* ?, *à*?);
Supprime les colonnes spécifiées par *de* et *à* compris.

$*tixgrid*->deleteRow(*de* ?, *à*?);
Supprime les lignes spécifiées par *de* et *à* compris.

$*tixgrid*->dragsite(*option*, *x*, *y*);
Non implémenté.

$*tixgrid*->dropsite(*option*, *x*, *y*);
Non implémenté.

$*tixgrid*->editApply;
Si une cellule est en cours d'édition, désactive la cellule et applique les changements.

$*tixgrid*->editSet(*x*, *y*);
Active la cellule à (*x*, *y*) pour édition si le callback *-editnotify* retourne *true* pour cette cellule.

$*tixgrid*->entrycget(*x*, *y*, *-option*);
Retourne la valeur courante de l'option de configuration donnée par *-option* pour la cellule à (*x*, *y*).

$*tixgrid*->entryconfigure(*x*, *y* ?, *-option*? ?=> *valeur*?);
Requiert ou modifie les options de configuration de la cellule à (*x*, *y*).

$*tixgrid*->formatBorder(*x1*, *y1*, *x2*, *y2*, *options*);

$*tixgrid*->formatGrid(*x1*, *y1*, *x2*, *y2*, *options*);
format peut être appelé uniquement par le callback *-formatcmd*.

$*tixgrid*->geometryinfo(?*largeur*? ?, *hauteur*?);
Retourne une liste de nombres flottants décrivant les coins des diagonales d'un rectangle.

$ *tixgrid*->index(*x*, *y*);
Retourne (*nx*, *ny*) de l'entrée à la position (*x*, *y*).

$ *tixgrid*->info(*option*?, *args*?);

$ *tixgrid*->moveColumn(*de*, *à*, *offset*);
Déplace les colonnes spécifiées d'un montant *de* et *à* en fonction de la valeur de *offset*.

$ *tixgrid*->moveRow(*from*, *to*, *offset*);
Déplace les lignes spécifiées d'un montant *de* et *à* en fonction de la valeur de *offset*.

$ *tixgrid*->nearest(*x*, *y*);
Retourne la position en pixels de la cellule de la grille à (*x*, *y*).

$ *tixgrid*->selectionAdjust(*x1*, *y1* ?, *x2*, *y2*?);

$ *tixgrid*->selectionClear(*x1*, *y1* ?, *x2*, *y2*?);

$ *tixgrid*->selectionIncludes(*x1*, *y1* ?, *x2*, *y2*?);

$ *tixgrid*->selectionSet(*x1*, *y1* ?, *x2*, *y2* ?);

$ *tixgrid*->selectionToggle(*x1*, *y1* ?, *x2*, *y2*?);

$ *tixgrid*->set(*x*, *y* ?, -itemtype => *type*? ?, *-option* => *valeur* ? );
Crée un nouvel élément d'affichage à la cellule (*x*, *y*). *-itemtype* donne le type de l'élément d'affichage.

$ *tixgrid*->sizeColumn(*index* ?, *-option*? ?=> *valeur*?);
Voir sizeRow.

$ *tixgrid*->sizeRow(*index* ?, *-option*? ?=> *valeur*?);
Requiert ou définit la taille de la colonne ou de la ligne données par *index*. *Index* peut être un entier positif. *-option* peut prendre l'une des valeurs suivantes :

-pad0 => pixels
Spécifie l'écartement par rapport au bord gauche d'une colonne ou au bord supérieur d'une ligne.

-pad1 => pixels
Spécifie l'écartement par rapport au bord droit d'une colonne ou à la base d'une ligne.

-size => val

Peut être *auto*, une taille d'écran ou une valeur flottante, suivies de la chaîne *cars*.

$*tixgrid*->sort(*dimension, début, fin, ?args ...?*);

$*tixgrid*->unset(*x, y*);

Enlève les éléments d'affichage à la cellule (*x, y*).

$*tixgrid*->xview;

$*tixgrid*->yview;

## *TList*

*TList* est utilisé pour afficher des données dans un format tabulaire. Il représente une extension du simple widget Listbox parce que les entrées de liste peuvent être affichées dans un format à deux dimensions. Les images de même que plusieurs couleurs et plusieurs polices peuvent être utilisées pour les entrées de liste.

```
-background              -relief
-borderwidth             -selectbackground
-cursor                  -selectborderwidth
-exportselection         -selectforeground
-font                    -setgrid
-foreground              -takefocus
-height                  -width
-highlightbackground     -xscrollcommand
-highlightcolor          -yscrollcommand
-highlightthickness
```

`-browsecmd =>` *callback*

Invoque le *callback* avec l'entrée sélectionnée lorsqu'elle est passée en revue.

`-command =>` *callback*

Invoque le *callback* avec l'entrée sélectionnée lorsqu'elle est activée.

`-itemtype =>` *displayStyle*

Spécifie le type par défaut de l'élément d'affichage pour ce widget TList. Lorsqu'on appelle les méthodes insérées, les éléments d'affichage de ce type seront créés si l'option `-itemtype` n'est pas spécifiée.

`-orient => vertical|horizontal`
Spécifie l'ordre de tabulation des entrées de liste.

`-padx =>` *largeur*
Espacement horizontal des entrées de liste.

`-pady =>` *hauteur*
Espacement vertical par défaut des entrées de liste.

`-selectbackground =>` *couleur*
Spécifie la couleur de fond des entrées de liste sélectionnées.

`-selectborderwidth =>` *largeur*
Spécifie une valeur non négative indiquant la largeur de la bordure 3-D à tracer autour des éléments sélectionnés.

`-selectforeground =>` *couleur*
Spécifie la couleur d'avant-plan des entrées de liste sélectionnées.

`-selectmode =>` *mode*
Spécifie un style, parmi plusieurs, pour la manipulation de la sélection : `single`, `browse`, `multiple` ou `extended` ; le style par défaut est `single`.

`-sizecmd =>` *callback*
Spécifie un *callback* qui est invoqué lorsque le widget change de taille.

`-state => normal|disabled`
Spécifie si la commande TList doit réagir aux actions de l'utilisateur. Paramétrée sur `normal`, TList réagit aux actions de l'utilisateur d'une manière normale. Paramétrée sur `disabled`, TList peut défiler, mais ses entrées ne peuvent être ni sélectionnées ni activées.

Index de Listbox :

*nombre* (débute à 0), `active`, `anchor`, `end`, `@`*x*, *y*

`$`*tlist*->anchorSet(*index*);
Définit l'ancre à l'entrée de liste identifiée par *index*.

`$`*tlist*->anchorClear;
Enlève l'ancre, s'il y a lieu, depuis ce widget TList.

$*tlist*->delete(*from* ?, *to*?);

Supprime une ou plusieurs entrées de liste entre les deux entrées spécifiées par les indices *de* et *à*.

$*tlist*->dragsiteSet(*index*);

Non implementé.

$*tlist*->dragsiteClear;

Non implementé.

$*tlist*->dropsiteSet(*index*);

Non implementé.

$*tlist*->dropsiteClear;

Non implementé.

$*tlist*->entrycget(*index*, *-option*);

Retourne la valeur courante de l'option de la configuration donnée par *-option* pour l'entrée identifiée par *index*.

$*tlist*->entryconfigure(*index* ?, *-option*, ?*valeur*?);

Requiert ou modifie les options de configuration de l'entrée de liste identifiée par *index*.

$*tlist*->infoAnchor(*index*);

Retourne l'*index* de l'ancre courante, si elle existe, sinon retourne une chaîne vide.

$*tlist*->infoDragsite(*dragsite*, *index*);

Retourne l'*index* d'une zone de drag courante, si elle existe, sinon retourne une chaîne vide.

$*tlist*->infoDropsite(*dropsite*, *index*);

Retourne l'*index* de la zone de drop courante, si elle existe, sinon retourne une chaîne vide.

$*tlist*->infoSelection;

Retourne une liste d'éléments sélectionnés dans le widget TList, sinon retourne une chaîne vide.

$*tlist*->insert(*index* ?, *-option* => *valeur* ?);

Crée une nouvelle entrée de liste à la position indiquée par *index*. Les options de configuration suivantes peuvent être indiquées pour configurer l'entrée de liste :

`-itemtype` => style_affichage
: Spécifie le type d'élément d'affichage, parmi les types suivants : `image|imagetext|text|window`.

`-state` => état
: Spécifie si cette entrée peut être sélectionnée ou invoquée par l'utilisateur—`normal|disabled`.

$*tlist*->nearest(*x*, *y*);
: Étant donné des coordonnées (x, y) dans la fenêtre TList, retourne l'index de l'élément le plus proche de ces coordonnées.

$*tlist*->see(*index*);
: Ajuste la vue dans TList de sorte que l'entrée fournie par *index* soit visible.

$*tlist*->selectionClear(?*de*?, ?*à*?) ;
: Désélectionne les entrées spécifiées dans le widget TList.

$*tlist*->selectionIncludes(*index*);
: Retourne 1 si l'entrée de liste indiquée par *index* est couramment sélectionnée, sinon 0.

$*tlist*->selectionSet(*de* ?, *à*?);
: Sélectionne chaque entrée de liste entre *de* et *à* compris, sans affecter l'état de la sélection des entrées en dehors de cette plage.

$*tlist*->xview;
: Retourne une liste contenant deux éléments. Chaque élément est une fraction entre 0 et 1; ensemble, elles décrivent l'espace visible dans la fenêtre.

$*tlist*->xview(*index*);
: Ajuste la vue dans la fenêtre de sorte que l'entrée de liste identifiée par *index* soit alignée sur le bord gauche de la fenêtre.

$*tlist*->xviewMoveto(*fraction*);
: Ajuste la vue dans la fenêtre de sorte qu'une *fraction* de la largeur totale de TList soit hors écran par la gauche. *fraction* doit être comprise entre 0 et 1.

$*tlist*->xviewScroll(*entier*, *quoi*);
: Déplace la vue de la fenêtre à gauche ou à droite en fonction de *entier* et de *quoi*. *quoi* doit être soit `units` soit `pages`.

$*tlist*->yview;

Retourne une liste contenant deux éléments. Chaque élément est une fraction entre 0 et 1; ensemble, ces deux éléments décrivent l'espacement vertical visible dans la fenêtre.

$*tlist*->yview(*index*);

Ajuste la vue dans la fenêtre de sorte que l'entrée de liste fournie par *index* soit affichée au sommet de la fenêtre.

$*tlist*->yviewMoveto(*flottant*);

Ajuste la vue dans la fenêtre de sorte que l'entrée de liste donnée par *flottant* apparaisse au sommet de la fenêtre. *flottant* doit être compris entre 0 et 1.

$*tlist*->yviewScroll(*entier, quoi*);

Déplace la vue dans la fenêtre vers le haut ou vers le bas en fonction de *entier* et *quoi*. *quoi* doit être soit `units` soit `pages`.

## *Tree*

Un widget *Tree* est dérivé de la classe HList et hérite de toutes ses commandes, options et sous-widgets. *Tree* affiche les données hiérarchiques sous forme d'arborescence, est ajustable par ouverture ou fermeture de parties de l'arborescence.

```
-background              -relief
-borderwidth             -selectbackground
-cursor                  -selectborderwidth
-exportselection         -selectforeground
-font                    -setgrid
-foreground              -takefocus
-height                  -width
-highlightbackground     -xscrollcommand
-highlightcolor          -yscrollcommand
-highlightthickness
```

`-browsecmd =>` *callback*

Invoque le *callback* avec l'entrée sélectionnée lorsqu'elle est passée en revue.

`-closecmd` => *callback*
: Invoque le *callback* avec l'entrée sélectionnée lorsqu'elle est fermée.

`-commande` => *callback*
: Invoque le *callback* avec l'entrée sélectionnée lorsqu'elle est activée.

`-ignoreinvoke` => *booléen*
: Spécifie si une branche doit être ouverte ou fermée lorsque (+) ou (-) est sélectionné.

`-opencmd` => *callback*
: Invoque le *callback* avec l'entrée sélectionnée lorsqu'elle est ouverte.

$*tree*->autosetmode;
: Définit le mode des entrées du widget Tree : 'none' si une entrée n'a pas de filiation, 'open' si une entrée a une filiation cachée, sinon 'close'.

$*tree*->close(*chemin_d_acces*);
: Ferme l'entrée donnée par *chemin_d_acces* si son mode est `close`.

$*tree*->getmode(*chemin_d_acces*);
: Retourne le mode courant de l'entrée fournie par *chemin_d_acces*.

$*tree*->open(*chemin_d_acces*);
: Ouvre l'entrée fournie par *chemin_d_acces* si son mode est `open`.

$*tree*->setmode(*chemin_d_acces* => *mode*);
: Paramètre *chemin_d_acces* sur `open`, `close` ou `none`.

## *Autres widgets Perl/Tk*

Voici des widgets de la distribution Perl/Tk moins connus (la plupart bénéficient d'une documentation POD) :

Form
: Un gestionnaire de géométrie basé sur des règles d'attachement.

InputO
: Une fenêtre réservée aux entrées, acceptant les entrées de l'utilisateur via des liaisons.

Table — Un gestionnaire de géométrie affichant une table à deux dimensions de widgets Perl/Tk.

Tiler — Identique à Table.

Pour plus d'informations sur les widgets pilotés par l'utilisateur, visitez la page d'accueil de Perl/Tk à l'adresse suivante : *http://www.multimania.com/moyo/pwww.htm#www*

## *Éléments et styles d'affichage*

### *Éléments d'affichage ImageText*

Les éléments d'affichage de type *Imagetext* affichent une image avec une chaîne de texte. Les éléments *Imagetext* supportent les options suivantes :

`-bitmap` => *bitmap*
: Spécifie le bitmap à afficher dans l'élément.

`-image` => *image*
: Spécifie l'image à afficher dans l'élément. Lorsque les options `-bitmap` et `-image` sont spécifiées en même temps, seule l'image est affichée.

`-style` => *style_item*
: Spécifie *style_item* à utiliser pour cet élément. Doit être le nom d'un style *imagetext* créé à l'aide de ItemStyle.

`-showimage` => *booléen*
: Une valeur booléenne spécifiant si l'image/le bitmap doit être affiché.

`-showtext` => *booléen*
: Une valeur booléenne spécifiant si la chaîne de texte doit être affichée.

`-text` => *chaîne*
: Spécifie la *chaîne* de texte à afficher dans l'élément.

`-underline` => *entier*
: Spécifie l'index d'un caractère à souligner dans la chaîne de texte (0 est le premier caractère).

Options de style de l'élément ImageText :

```
-activebackground        -font
-activeforeground        -justify
-anchor                  -padx
-background              -pady
-disabledbackground      -selectbackground
-disabledforeground      -selectforeground
-foreground              -wraplength
```

`-gap` => *entier*

Spécifie la distance entre le bitmap/image et la chaîne de texte, en pixels.

## *Eléments d'affichage de texte*

Les éléments d'affichage du type *texte* affichent une chaîne de texte. Les éléments de Text supportent les options suivantes :

`-style` => *style_item*

Spécifie *style_item* à utiliser pour cet élément texte. Ce doit être le nom d'un style *texte* créé avec ItemStyle.

`-text` => *chaîne*

Spécifie la *chaîne* à afficher dans l'élément.

`-underline` => *entier*

Spécifie l'index d'un caractère à souligner dans la chaîne texte (0 est le premier caractère).

Options de style de l'élément Text :

```
-activebackground        -font
-activeforeground        -justify
-anchor                  -padx
-background              -pady
-disabledbackground      -selectbackground
-disabledforeground      -selectforeground
-foreground              -wraplength
```

*Éléments d'affichage de fenêtres*

Les éléments d'affichage du type *fenêtre* affichent un widget Perl/TK. Les éléments de fenêtre supportent les options suivantes :

`-style` => *style_item*
: Spécifie *style_item* à utiliser pour cet élément de fenêtre. Ce doit être le nom d'un style d'affichage de widget créé avec ItemStyle.

`-widget` => *ref_widget*
: Spécifie le widget à afficher dans l'élément.

Options de style de fenêtre :

`-anchor` `-padx` `-pady`

*Création et manipulation de styles d'éléments*

`$widget->ItemStyle(`*Type_item*`, ?-stylename => `*nom*`?,`
`?-refwindow => `*ref_widget*`?, ?`*-option* `=> `*valeur*`?);`

*Type_item* est un type d'élément d'affichage, une référence de widget ou un nouveau type ajouté par l'utilisateur. *-stylename* spécifie un nom pour ce style. *-refwindow* spécifie un widget à utiliser pour déterminer les valeurs par défaut du type d'affichage. Si non spécifié, $*widget* est utilisé. Les valeurs par défaut pour les types d'affichage peuvent être définies via la base de données des options.

*$style->delete;*

Détruit cet objet style d'affichage.

# *Widgets composites et dérivés*

Les widgets composites et dérivés sont définis par un package. Les composites sont généralement composés d'un widget Frame ou TopLevel et d'un arrangement de *sous-widgets* internes. Les widgets dérivés modifient les fonctionnalités d'un widget existant.

```
package Tk::Frog;
use Tk:SomeWidget;
use base qw/Tk::Derived Tk::SomeWidget/;
Construct Tk::Widget 'Frog';
```

```
sub ClassInit{
  my($class, $mainwindow) = @_;

  # Initalise la nouvelle classe de widget.
  # Eventuellement, définit les liaisons de classe.

  $class->SUPER::ClassInit($mainwindow);
}

sub Populate {
  my($self, $args) = @_;

  # Utilise le conteneur composite $self et le peuple
  # de sous-widgets. $args est une référence
  # à un hash de paires option/valeur.

  my $option = delete $args->{-option};
  $self->SUPER::Populate($args);
  $self->Advertise();
  $self->Callback();
  $self->Component();
  $self->ConfigSpecs();
  $self->Delegates();
  $self->Subwidget();
}

1; # end class Frog
```

$*self*->Advertise(*nom_sous-widget* => $*subwidget*);

Rend visible le widget $*subwidget* en dehors du composite dont le nom est *nom_sous-widget* (see Subwidget).

$*self*->Callback(*-option* ?, *args*?);

Exécute le callback défini par $*self*->ConfigSpecs (*-option*, [CALLBACK, ...]). Si *args* sont donnés, ils sont passés au callback. Si *-option* est non définie, il ne se passe rien.

$*self*->Component(*classe_de_widget* => *nom_sous-widget* ?, *-option* => *valeur*?);

Crée un widget de type *classe_de_widget* avec les paires spécifiées option/valeur et en fait état avec Advertise sous le nom *nom_sous-widget*.

$*self*->ConfigAlias(*-alias* => *-option*);

Rend l'option *-alias* équivalente à *-option*.

$*self*->ConfigSpecs(*-option* => [*où, dbNom, dbClasse, fall-back*]);

Définit l'*-option* configure ayant le nom de base de données *dbNom* et la classe *dbClasse* avec une valeur de fallback *fall-back* (dans le cas où rien n'est défini dans la base de données des ressources). Plusieurs options peuvent être spécifiés ; *où* peut être :

ADVERTISED
: Configure les sous-widgets annoncés.

CALLBACK
: Traite l'option comme un callback standard Perl/Tk et l'exécute par appel de Callback.

CHILDREN
: Configure la filiation.

DESCENDANTS
: Configure la descendance.

METHOD
: Invoque $*self*->*option*(*valeur*). Fournit simplement la méthode de classe du même nom que l'option, moins le tiret.

PASSIVE
: Stocke la valeur d'option dans $*self*->{Configure}{*-option*}.

SELF
: Configure le widget enveloppant (Frame ou Toplevel).

$subwidget
: Invoque $*subwidget*->configure(*-option* => *valeur*)

$*self*-> ConfigSpecs(*-option* => [{*-option1* => $*w1*, *-option2* => [$*w2*, $*w3* ]}, *dbNom, dbClasse, fallback*]);

Ainsi $self->configure(*-option* => *valeur*) fait en réalité :

```
$w1->configure(-option1 => valeur);
$w2->configure(-option2 => valeur);
$w3->configure(-option2 => valeur);
```

$*self*->ConfigSpecs( 'défaut' => [*où*]);

Définit la manipulation des requêtes configure par défaut.

$*self*->Delegates(*nom_methode* => $*w1* ?, 'défaut' => $*w2*?);

Redirige la méthode du widget composite *nom_methode* vers le sous-widget $*subwidget*. Plusieurs paires méthode/widget peuvent être spécifiées.

$*self*->Subwidget(*nom_sous-widget*);

Retourne la référence de widget appartenant au sous-widget *nom_sous-widget* annoncé.

# *Images*

Les images sont créées à l'aide des méthodes DefineBitmap, Bitmap et Photo, décrites ci-dessous. Les bitmaps ont une codification des pixels sur 2 bits, tandis que les Photos peuvent être des objets XPM, GIF, PPM ou XBM, codés pour certains en pleines couleurs sur 24 bits.

$*widget*->Getimage(*nom*);

Etant donné *nom*, recherche un fichier image de ce nom et retourne un objet image Tk. Les extensions de fichier sont essayées dans cet ordre : xpm, gif, ppm, xbm jusqu'à trouver une image valide. Si aucune image n'est trouvée, essaie une image incorporée ayant ce nom.

$*widget*->DefineBitmap(*bitmapNom, bitColonnes, bitLignes, bitVecteur*);

Définit un bitmap appelé *bitmapNom* directement dans le code Perl. Les premiers bits *bitColonnes* packés dans *bitVecteur* forment la première ligne.

Voici les méthodes de manipulation d'images communes aux deux types d'images restant :

$*image*->delete;

Supprime l'image.

$*image*->height;

Retourne la hauteur de l'image en pixels.

`$`*image*->imageNames;
Retourne la liste des noms de toutes les images existantes.

`$`*image*->type;
Retourne le type d'image.

`$`*image*->imageTypes;
Retourne une liste des types d'image valides.

`$`*image*->width;
Retourne la largeur de l'image en pixels.

Lorsqu'une image est créée via les méthodes `DefineBitmap`, `Bitmap` ou `Photo`, Tk crée une référence d'objet-image à l'image. Pour tous les types d'images, cet objet supporte les méthodes cget et configure de la même manière que les widgets le font pour modifier ou requérir des options de configuration. Naturellement, les commandes de configuration d'image peuvent toujours être passées à la méthode de création :

`$`*image* = `$`*mw*->Photo(*-fichier* => `'`*/home/bug/photo.gif*`'`);

## *La méthode Image bitmap*

`-background =>` *couleur*
Définit la couleur de fond pour le bitmap.

`-data =>` *chaîne*
Spécifie le contenu du bitmap au format bitmap X11.

`-file =>` *nom_chemin*
Donne le nom du fichier dont le contenu définit le bitmap au format bitmap X11.

`-foreground =>` *couleur*
Définit la couleur d'avant-plan du bitmap.

`-maskdata =>` *chaîne*
Spécifie le contenu du masque au format bitmap X11.

`-maskfile =>` *nom_chemin*
Donne le nom du fichier dont le contenu définit le masque au format bitmap X11.

## *La méthode Image photo*

`-data` => *chaîne*
: Spécifie le contenu de l'image dans un format supporté.

`-format` => *nom_format*
: Spécifie le format des données spécifiées à l'aide des options `-data` ou `-file`.

`-file` => *nom_chemin*
: Donne le nom du fichier dont le contenu définit l'image dans le format supporté.

`-height` => *nombre*
: Spécifie la hauteur en pixels de l'image.

`-palette` => *paletteSpec*
: Définit la résolution du cube colorimétrique alloué à l'image.

`-width` => *nombre*
: Spécifie la largeur en pixels de l'image.

`$`*image*->blank;
: Blanchit l'image pour qu'elle n'ait plus de données et soit complètement transparente.

`$`*image*->copy(*Image_source* ?, *-option* => *valeur* ...?);
: Copie une région de *Image_source* vers `$`*image* utilisant les options fournies.

  `-from` => x1, y1, x2, y2
  : Spécifie une zone rectangulaire de l'image source à copier.

  `-to` => x1, y1, x2, y2
  : Spécifie une zone rectangulaire de l'image cible à affecter.

  -shrink
  : Rétrécit l'image cible de sorte que la zone copiée soit dans le coin inférieur droit.

  `-zoom` => x, y
  : Magnifie la région source d'un facteur *x, y* dans les deux directions.

`-subsample` => x, y

Réduit l'image source en utilisant uniquement chaque *x y*ène pixel.

`$`*image*->get(*x, y*);

Retourne une valeur RVB du pixel de coordonnées *x, y* sous forme de liste de trois entiers.

`$`*image*->put(*données* ?`-to` => *x1, y1, x2, y2* ?);

Définit les valeurs en pixels de la zone *x1, y1, x2, y2* pour les *données* de tableaux 2-D.

`$`*image*->read(*nom_chemin* ?, *-option* => *valeur* ... ?);

Lit les données image depuis le fichier *nom_chemin* dans `$`*image* en utilisant les options.

`-format` => nom_format

Spécifie le format image du fichier.

`-from` => x1, y1, x2, y2

Spécifie une zone rectangulaire du fichier image à partir de laquelle on fait une copie.

-shrink

Clipse l'image pour que la région copiée soit dans le coin inférieur droit.

`-to` => x, y

Spécifie les coordonnées du coin supérieur gauche de l'image dans lequel copier.

`$`*image*->redither;

Tramage de l'image.

`$`*image*->write(*nom_chemin* ?, *-option* => *valeur* ... ?);

Ecrit les données image depuis l'image dans le fichier *nom_chemin.*

`-format` => nom-format

Spécifie le format image du fichier.

`-from` => x1, y1, x2, y2

Spécifie une zone rectangulaire de l'image à recopier.

# *Information sur les fenêtres*

$*widget*->atom(*nom*);

Renvoie un identifiant entier pour l'atome appelé *nom* sur le support d'affichage de $*widget*.

$*widget*->atomname(*id*);

Retourne le nom textuel de l'atome fourni par un entier *id* sur le support d'affichage de $*widget*.

$*widget*->cells;

Retourne le nombre de cellules dans la palette de $*widget*.

$*widget*->children;

Retourne une liste contenant les références de widget de tous les enfants de $*widget*.

$*widget*->class;

Retourne le nom de classe de $*widget*.

$*widget*->colormapfull;

Retourne 1 si la palette de $*widget* est pleine, sinon 0.

$*widget*->containing(*racineX*, *racineY*);

Retourne la référence widget de la fenêtre contenant le point *rootX rootY* à l'affichage de $*widget*.

$*widget*->depth;

Retourne la profondeur de la résolution (bits par pixel) de $*widget*.

Exists($*widget*);

Retourne 1 s'il existe une fenêtre de $*widget*, '' (false) si aucune fenêtre de cette sorte existe.

$*widget*->fpixels(*nombre*);

Retourne une valeur décimale donnant le nombre de pixels dans $*widget* correspondant à la distance donnée par *nombre*.

$*widget*->geometry;

Retourne la géometrie de $*widget*, sous la forme *largeur* x *hauteur*+*x*+*y*.

$*widget*->height;

Retourne la hauteur de $*widget* en pixels.

$*widget*->id;
: Retourne une chaîne hexadécimale indiquant l'identificateur X pour $*widget*.

$*widget*->interps;
: Retourne une liste de tous les interpréteurs Perl enregistrés à l'affichage de $*widget*.

$*widget*->ismapped;
: Retourne 1 si $*widget* est couramment matérialisé, sinon 0.

$*widget*->MainWindow;
: Retourne une référence à MainWindow de $*widget*.

$*widget*->manager;
: Retourne le nom du gestionnaire de géométrie couramment responsable de $*widget*.

$*widget*->name;
: Retourne le nom de $*widget* dans le domaine parent par opposition à son chemin d'accès complet.

$*widget*->parent;
: Retourne le chemin d'accès du parent de $*widget*.

$*widget*->PathName;
: Retourne le chemin d'accès complet de $*widget*.

$*widget*->pathname(*id*);
: Retourne la référence widget de la fenêtre dont l'identificateur X est *id* à l'affichage de $*widget*.

$*widget*->pixels(*nombre*);
: Retourne le nombre de pixels dans $*widget* correspondant à la distance donnée par *nombre*, arrondie à l'entier le plus proche.

$*widget*->pointerx;
: Retourne la coordonnée x du pointeur de la souris sur l'écran de $*widget*.

$*widget*->pointerxy;
: Retourne les coordonnées en x et y du pointeur de la souris sur l'écran de $*widget*.

$*widget*->pointery;
: Retourne la coordonnée y du pointeur de la souris sur l'écran de $*widget*.

$*widget*->reqheight;
: Retourne une chaîne décimale donnant la hauteur requise en pixels de $*widget*.

$*widget*->reqwidth;
: Retourne une chaîne décimale donnant la largeur requise en pixels de $*widget*.

$*widget*->rgb(*couleur*);
: Retourne une liste des trois valeurs RVB qui correspondent à *couleur* dans $*widget*.

$*widget*->rootx;
: Retourne, dans la fenêtre racine de l'écran, la coordonnée x du coin supérieur gauche de $*widget* (y compris sa bordure).

$*widget*->rooty;
: Retourne, dans la fenêtre racine de l'écran, la coordonnée y du coin supérieur gauche de $*widget* (y compris sa bordure).

$*widget*->screen;
: Retourne le nom de l'écran associé à $*widget*, sous la forme *affichageNm.indexEcran*.

$*widget*->screencells;
: Retourne le nombre de cellules de la palette de couleurs par défaut pour l'écran de $*widget*.

$*widget*->screendepth;
: Retourne la profondeur de la résolution (bits par pixel) de l'écran de $*widget*.

$*widget*->screenheight;
: Retourne la hauteur, en pixels, de l'écran de *$widget*.

$*widget*->screenmmheight;
: Retourne la hauteur, en millimètres, de l'écran de *$widget*.

$*widget*->screenmmwidth;
: Retourne la largeur, en millimètres, de l'écran de *$widget*.

$*widget*->screenvisual;

Retourne la classe visuelle de l'écran de *$widget*. Peut être : `directcolor`, `grayscale`, `pseudocolor`, `staticcolor`, `staticgray` ou `truecolor`.

$*widget*->screenwidth;

Retourne la largeur, en pixels, de l'écran de $widget.

$*widget*->server;

Retourne une information serveur sur l'affichage de $*widget*.

$*widget*->toplevel;

Retourne la référence widget de la fenêtre principale contenant $*widget*.

$*widget*->viewable;

Retourne 1 si $*widget* et tous ses ancêtres jusqu'à la fenêtre principale la plus proche sont matérialisés. Retourne 0 si l'une de ces fenêtres n'est pas mappée.

$*widget*->visual;

Retourne la classe visuelle de $*widget* (voir $*widget*->screenvisual).

$*widget*->visualid;

Retourne l'identificateur X du visuel pour $*widget*.

$*widget*->visualsavailable;

Retourne une liste dont les éléments décrivent les visuels disponibles pour l'écran de $*widget*, y compris la classe et la profondeur.

$*widget*->vrootheight;

Retourne la hauteur de la fenêtre racine virtuelle associée à $*widget*.

$*widget*->vrootwidth;

Retourne la largeur de la fenêtre racine virtuelle associée à $*widget*.

$*widget*->vrootx;

Retourne l'offset x de la fenêtre racine virtuelle associée à $*widget*.

$*widget*->vrooty;

Retourne l'offset y de la fenêtre racine virtuelle associée à $*widget*.

$*widget*->width;

Retourne la largeur en pixels de $*widget*.

$*widget*->x;

Retourne la coordonnée x, dans sa fenêtre parente, du coin supérieur gauche de $*widget*.

$*widget*->y;

Retourne la coordonnée x, dans sa fenêtre parente, du coin supérieur gauche de $*widget*.

## *Le gestionnaire de fenêtres*

Plusieurs des méthodes suivantes ont un ou plusieurs arguments optionnels ; spécifiées, elles définissent quelque chose ; manquantes, elles fournissent quelque chose. Le widget est typiquement une fenêtre principale ou un niveau supérieur.

$*mw*->aspect(?*minNumer, minDenom, maxNumer, maxDenom*?);

Informe le gestionnaire de fenêtre du ratio desiré pour l'aspect de $*mw*.

$*mw*->client(?*nom*?);

Stocke *nom* dans la propriété WM_CLIENT_MACHINE $*mw*. Informe le gestionnaire de fenêtres de la machine client sur laquelle tourne l'application.

$*mw*->colormapwindows(?*liste_fenêtres*?);

Stocke *liste_fenêtres* dans $*mw* dans la propriété WM_colorMAP_WINDOWS qui identifie les fenêtres internes à $*mw* par des palettes privées.

$*mw*->command(?*valeur*?);

Stocke *valeur* dans la propriété WM_command de $*mw*'s.
Informe le gestionnaire de fenêtres de la commande utilisée pour invoquer l'application.

$*mw*->deiconify;

Force la restauration à l'écran de $*mw*.

$*mw*->focusmodel(?`active | passive`?);

Spécifie le modèle de focus pour $*mw*.

$*mw*->frame;

Retourne l'identificateur X de fenêtre pour le cadre décoratif le plus externe contenant $*mw*. Si $*mw* n'en a pas, retourne l'id X de $*mw* lui-même.

$*mw*->geometry(?*nlleGéométrie*?);

Modifie la géométrie de $*mw* à *nlleGéométrie*. La forme de *nlleGéométrie* est *largeur*x*hauteur*+*x*+*y*.

$*mw*->grid(?*Largeur_base, Hauteur_base, Inc_largeur, Inc_hauteur*?);

Indique que $*mw* doit être gérée comme une fenêtre dotée d'une grille selon la relation spécifiée entre la grille et les unités en pixels.

$*mw*->group(?*ref_widget*?);

Donne une référence widget pour le leader du groupe auquel appartient $*mw*.

$*mw*->iconbitmap(?*bitmap*?);

Spécifie un bitmap à utiliser comme icone lorsque $*mw* est miniaturisée.

$*mw*->iconify;

Force la miniaturisation de $*mw*.

$*mw*->iconmask(?*bitmap*?);

Spécifie un bitmap à utiliser pour masquer un icone lorsque $*mw* est miniaturisée.

$*mw*->iconname(?*nouvNom*?);

Spécifie le nom à utiliser comme étiquette de l'icone de $*mw*.

$*mw*->iconposition(?*x, y*?);

Spécifie la position sur la fenêtre racine où placer l'icone de $*mw*.

$*mw*->iconwindow(?*ref_widget*?);

Définit la référence widget de la fenêtre à utiliser comme icone lorsque $*mw* est miniaturisée.

$*mw*->maxsize(?*largeur, hauteur*?);

Spécifie la taille maximale du redimensionnement de $*mw* dans chaque direction.

$*mw*->minsize(?*largeur, hauteur*?);

Spécifie la taille minimale du redimensionnement de $*mw* dans chaque direction.

$*mw*->overrideredirect(?*booléen*?);

Définit ou annule le flag *override-redirect* de $*mw* communément utilisé par le gestionnaire de fenêtres pour déterminer si la fenêtre doit avoir un cadre décoratif.

$*mw*->positionfrom(?program | user?);

Indique par qui la position courante de $*mw* a été demandée.

$*mw*->protocol(?*nom*? ?, *callback*?);

Spécifie un callback Perl à invoquer pour les messages de protocole *nom*.

$*mw*->resizable(?*largeurBooléen, hauteurBooléen*?);

Spécifie si la largeur et/ou la hauteur de $*mw* est redimensionnable.

$*mw*->sizefrom(?program | user?);

Indique par qui la taille courante de $*mw* a été demandée.

$*mw*->state;

Retourne l'état courant de $*mw* : normal, iconic ou withdrawn.

$*mw*->title(?*chaîne*?);

Convertit le titre du cadre décoratif de $*mw* en *chaîne*.

$*mw*->transient(?*maître*?);

Informe le gestionnaire de fenêtres que $*mw* est un transfuge de la fenêtre *maître*.

$*mw*->withdraw;

Force le retrait de $*mw* de l'écran.

## *Liaisons et événements virtuels*

Notez que sont passés implicitement aux *callbacks* bind la référence liée à l'objet comme premier argument de la liste de paramètres.

Un descripteur d'événement (*descripteur_d_evenement*) est une liste d'un ou plusieurs motifs d'événements. Un motif peut être un simple caractère, une chaîne de la forme '<*modifier-modifier-type-detail*>' ou un '<<*nom*>>' (un événement virtuel).

$*widget*->bind;

Retourne la liste de tous les *descripteurs* pour lesquels une liaison existe pour $*widget*.

$*widget*->bind(*tag*);

Retourne la liste de tous les *descripteurs* pour lesquels existe une liaison pour *tag*.

$*widget*->bind(*descripteur_d_evenement*);

Retourne le callback lié à *descripteur_d_evenement* spécifié pour $*widget*.

$*widget*->bind(*tag, descripteur_d_evenement*);

Retourne le callback à *descripteur_d_evenement* spécifié pour *tag*.

$*widget*->bind(*descripteur_d_evenement => callback*);

Lie *callback* à *descripteur_d_evenement* spécifié pour $*widget*

$*widget*->bind(*tag, descripteur_d_evenement => callback*);

Lie *callback* à *descripteur_d_evenement* spécifié pour *tag*

$*widget*->bindtags(?*liste_de_tags*?);

Définit l'ordre de priorité courant des tags de $*widget* à *liste_de_tags*. Par défaut, une liste de tags de widget Perl/Tk est *class, instance, toplevel,* `all`. Notez que cet ordre diffère de celui des *instance, class, toplevel,* `all` de Tcl/Tk.

$*widget*->eventAdd('<<*virtuel*>>' , *descripteur_d_evenement* ?, *descripteur_d_evenement*?);

Force le déclenchement d'un événement '<<*virtuel*>>' lorsque survient un *descripteur d'événement* spécifié.

$*widget*->eventDelete('<<*virtuel*>>' ?, *descripteur_d_evenement*?);

Supprime les *descripteurs* spécifiés (ou tous les descripteurs si aucun n'est spécifié) depuis la liste qui déclenche l'événement virtuel '<<*virtuel*>>'.

$*widget*->eventGenerate(*evenement* ?, `-when` => *quand*? ?, *-option* => *valeur*);

Génère *evenement* dans la fenêtre *widget* comme s'il provenait de la fenêtre système. Les options possibles sont listées dans la table Event Field ci-dessous. L'option `-when` définit le moment où l'événement sera traité. Les valeurs possibles de *when* sont :

`now` Procède au traitement immédiat (défaut).

`tail` Place à la fin de la file d'attente des événements.

`head` Place au commencement de la file d'attente des événements.

`mark` Identique à `head` mais derrière les événements générés au préalable.

`$`*widget*->eventInfo(?'<<*virtuel*>>' ?);

Retourne la liste des *descripteurs* qui déclenchent l'événement '<<*virtuel*>>'(sans spécification, retourne la liste des événements virtuels définis).

Modificateurs :

| | | |
|---|---|---|
| Any | Button1, B1 | Mod1, M1 |
| Control | Button2, B2 | Mod2, M2 |
| Shift | Button3, B3 | Mod3, M3 |
| Lock | Button4, B4 | Mod4, M4 |
| Double | Button5, B5 | Mod5, M5 |
| Triple | Meta, M | Alt |

Types :

| | |
|---|---|
| `Activate` | `FocusOut` |
| `ButtonPress, Button` | `Gravity` |
| `ButtonRelease` | `KeyPress, Key` |
| `Circulate` | `KeyRelease` |
| `Colormap` | `Motion` |
| `Configure` | `Leave` |
| `Deactivate` | `Map` |
| `Destroy` | `Property` |
| `Enter` | `Reparent` |
| `Expose` | `Unmap` |
| `FocusIn` | `Visibility` |

Détails : Pour les boutons, un nombre 1-5.
Pour les touches, un keysym.
(*/usr/include/X11/keysymdef.h*).

Marqueurs : Instance de widget (s'applique juste à cette fenêtre).
Fenêtre principale (s'applique à toutes ses fenêtres internes).
Nom de classe (s'applique à tous les widgets de la classe).
`all` (s'applique à toutes les fenêtres).

*Tableau 1 : Champs d'événements*

| eventGenerate() Option | Code | Événements valides |
|---|---|---|
| `-above` => *fenêtre* | `a` | Configure |
| `-borderwidth` => *taille* | `B` | Configure |
| `-button` => *nombre* | `b` | ButtonPress, ButtonRelease |
| `-count` => *nombre* | `c` | Expose |
| `-detail` => *detail* | `d` | Enter, Leave, Focus |
| `-focus` => *booléen* | `f` | Enter, Leave |
| `-height` => *taille* | `h` | Configure |
| `-keycode` => *nombre* | `k` | KeyPress, KeyRelease |
| `-keysym` => *nom* | `K` | KeyPress, KeyRelease |
| `-mode` => *notify* | `m` | Enter, Leave, Focus |
| `-override` => *booléen* | `o` | Map, Reparent, Configure |
| `-place` => *où* | `p` | Circulate |
| `-root` => *fenêtre* | `R` | * |
| `-rootx` => *coord* | `X` | * |
| `-rooty` => *coord* | `Y` | * |
| `-sendevent` => *booléen* | `E` | *tous événements* |
| `-serial` => *nombre* | `#` | *tous événements* |
| `-state` => *état* | `s` | *tous événements* |
| `-subwindow` => *fenêtre* | `S` | * |
| `-time` => *entier* | `t` | *, Property |
| `-x` => *coord* | `x` | *, † |
| `-y` => *coord* | `y` | *, † |

```
*KeyPress, KeyRelease, ButtonPress, ButtonRelease,
Enter, Leave, Motion
†Expose, Configure, Gravity, Reparent
```

$*widget*->break;

Quitte le callback et court-circuite la recherche bindtags.

$eventStructure = *$widget*->XEvent;

Capture la structure d'événements X11. L'appel $*eventStructure* -> *code*; retourne la valeur du *code* d'événement X11 (pour *code* voir ci-dessus).

*$eventStructure* = $Tk::event;

Une liaison peut localiser la structure d'événements X11 avec $Tk::event plutôt que par l'appel de XEvent.

*$eventField* = Ev(*Code*);

Les callbacks de liaison peuvent utiliser le construct Ev() comme argument du callback. Lorsque le callback est déclenché, Ev(*code*) est remplacé par la valeur du *code* du champ événement X11 (pour *code* voir ci-dessus).

# *Gestion de la géométrie*

## *La commande pack*

$*widget*->pack(?-*option* => valeur);

Détaille la manière dont $widget doit être géré par le packeur.

| | |
|---|---|
| -after => *parenté* | -ipady => *pixels* |
| -anchor => *ancre* | -padx => *pixels* |
| -before => *parenté* | -pady => *pixels* |
| -expand => *boléen* | -fill => none\|x\|y\|both |
| -in => *maître* | -side => top\|bottom\|left\|right |
| -ipadx => *pixels* | |

$*widget*->packForget;

Stoppe la gestion de l'esclave spécifié.

$*widget*->packInfo;

Retourne une liste contenant la configuration du pack courant.

$*master*->packPropagate(?*booléen*?);

Active ou désactive la propogation pour la fenêtre $*master*.

$*master*->packSlaves;

Retourne les listes d'esclaves dans la fenêtre $*master*.

## *La commande place*

$*widget*->place(*-option* => *valeur* ?, *-option* => *valeur* ...?);

Fournit des détails sur la manière dont $widget doit être géré par le gestionnaire de placement.

`-anchor` => *ancre* `-relx` => *emplacement*
`-height` => *taille* `-rely` => *emplacement*
`-in` => *maître* `-x` => *emplacement*
`-width` => *taille* `-y` => *emplacement*
`-relheight` => *taille* `-bordermode` => `inside|outside|ignore`
`-relwidth` => *taille*

$*widget*->placeForget;

Stoppe la gestion de $*widget*.

$*widget*->placeInfo;

Retourne une liste contenant la configuration *place* du $*widget*.

$*master*->placeSlaves;

Retourne les listes d'esclaves dans la fenêtre $*master*.

## *La commande grid*

$*widget*->grid(?*-option* => *valeur* ...?);

Détails sur la manière dont $widget doit être géré par le gestionnaire de grille.

`-column` => *n* `-padx` => *montant*
`-columnspan` => *n* `-pady` => *montant*
`-in` => *autre* `-row` => *n*

| | |
|---|---|
| `-ipadx` => *montant* | `-rowspan` => *n* |
| `-ipady` => *montant* | `-sticky => ?n|s|e|w|ns|ew?` |

$*master*->gridBbox(*colonne, ligne*);
Retourne une boîte de dimensionnement *approximée* de l'espace occupé par *colonne, ligne,* en pixels.

$*master*->gridColumnconfigure(*colonne* ?, `-minsize =>` *taille*? ?,
`-weight =>` *int*? ?, `-pad =>` *int* ?);
Définit/récupère la taille minimale, le poids relatif et l'espacement de la colonne.

$*slave*->gridForget;
Supprime (et dématérialise) $*slave* de la grille de son maître.

$*slave*->gridInfo;
Retourne une liste décrivant l'état de la configuration de $*slave*.

$*master*->gridLocation(*x, y*);
Retourne la colonne et la ligne contenant les unités d'écran *x, y* dans $*master*. Si *x, y* sont en dehors de la grille, -1 est retourné.

$*master*->gridPropagate(?*booléen*?);
Définit si $*master* essaie de redimensionner ses fenêtres ancêtres pour les adapter à la grille.

$*master*->gridRemove(*slave* ?, *slave*?);
Enlève (et dématérialise) chaque esclave de la grille en mémorisant sa configuration.

$*master*->gridRowconfigure(*ligne* ?, `-minsize =>` *taille*? ?,
`-weight =>` *int*? ?, -pad => *int* ?);
Définit/récupère la taille minimale, le poids relatif et l'espacement de la ligne.

$*master*->gridSize;
Retourne la taille de la grille (en colonnes, ensuite en lignes) pour $*master*.

$*master*->gridSlaves(?-row => *ligne*? ?, -column => *colonne*?);
Sans options, une liste de tous les esclaves dans $*master* est retournée. Sinon, retourne une liste d'esclaves dans la ligne et/ou colonne spécifiées.

*Placement relatif sur la grille*

| | |
|---|---|
| - | Augmente la largeur de colonne de *slave* par la gauche. |
| x | Laisse une colonne vide. |
| ^ | Augmente le nombre de lignes occupées par *slave* (vers le haut). |

# *Polices*

$*widget*->fontActual(*descr_police* ?, *-option*?);

Retourne la valeur effective de *-option* utilisée par *descr_police* dans l'affichage de $*widget*. Si *-option* n'est pas spécifiée, la liste complète des valeurs option/réelle est retournée.

$*widget*->fontConfigure(*nom_police* ?, *-option* ?, *valeur*??);

Réclame/définit les options de polices pour la police *nom_police* créée par l'application.

$*widget*->fontCreate(?*nom_police* ?, *-option, valeur*??);

Crée une nouvelle police *nom_police* de l'application avec les options de police données.

$*widget*->fontDelete(*nom_police* ?, *nom_police*?);

Supprime les polices spécifiées, créées par l'application.

$*widget*->fontFamilies;

Retourne la liste des familles de polices d'écran de $*widget*.

$*widget*->fontMeasure(*descr_police, texte*);

Retourne la largeur, en pixels, utilisée par *texte* lorsqu'il est rendu dans *descr_police* dans l'affichage de $*widget*.

$*widget*->fontMetrics(*descr_police* ?, *metric*?);

Réclame la métrique des polices de *descr_police* dans l'affichage de $*widget* où *metric* peut prendre comme valeurs :
`-ascent`, `-descent`, `-linespace` ou `-fixed`.
Si *metric* n'est pas spécifié, retourne la liste complète métrique/valeur.

$*widget*->fontnames;

Retourne la liste des polices créées pour l'application.

Description de polices :

1. *nom de police*
   Nom de police créée par l'application avec fontCreate().
2. *police système*
   Nom de police, spécifique d'une plate-forme, interprétée par le serveur graphique.
3. *famille ?, taille ?, style??*
   Une liste Perl avec comme premier élément le nom d'une famille de polices ; le second élément, optionnel, est la taille désirée et les éléments additionnels choisis parmi `normal` ou `bold`, `roman` ou `italic`, `underline` et `overstrike`.
4. *option* => *valeur ?, -option => valeur?*
   Une liste Perl de paires *option/valeur* valides pour fontCreate().

Options de polices :

| | |
|---|---|
| `-family` =>*nom* | Famille de polices (par exemple, `Courier`, `Times`, `Helvetica`). |
| `-size` =>*taille* | Taille en points (ou pixels si valeur négative). |
| `-weight` =>*poids* | `normal` (défaut) ou `bold`. |
| `-slant` =>*inclinaison* | `roman` (défaut) ou `italic`. |
| `-underline` =>*booléen* | Police soulignée ou non. |
| `-overstrike` =>*booléen* | Police barrée ou non. |

# *Autres commandes Perl/Tk*

$path = Tk->findINC*(composant);*
   Retourne le chemin d'accès absolu de *composant* dans la hiérarchie en place de Tk.

$soe = Tk::timeofday;
   Retourne le nombre de secondes écoulées depuis le 1er janvier 1970 (Epoch sous Unix).

$*widget*->after(*ms ?, callback ?*);

Force le lancement du *callback* en *ms* millisecondes.

Si le *callback* est omis, le programme se met au repos pendant *ms* millisecondes.

$*widget*->afterCancel(*id* | *callback*);

Annule un précédent after soit par *id*, soit par *callback*.

$*widget*->afterIdle(*callback*);

Force le lancement du *callback* dès que Tk est inactif.

$*widget*->afterInfo(*id*);

Retourne une information sur l'événement *callback id*. Sans *id*, retourne une liste de tous les ids de *callback*.

$*widget*->appname(?*nouvNom*?);

Définit le nom de l'interpréteur de l'application à *nouvNom*.

$*widget*->BackTrace(*message_erreur*);

Ajoute la chaîne m*essage_erreur* à la liste des messages tracés.

$*widget*->bell;

Sonne l'alarme X à l'affichage de $*widget*.

$*widget*->bisque;

Définit la palette de couleurs par défaut à l'ancien schéma bisque.

$*widget*->Busy (*-recurse => 1*);

Convertit le curseur en une montre jusqu'à l'appel de Unbusy. Si `-recurse` est vrai, descend la hiérarchie des widgets et modifie tous les curseurs.

catch {*script*};

Pour traquer les erreurs (via eval). Le script est en fait un *bloc* Perl.

$*widget*->clipboardAppend(?*-format => fmt*? ?, *-type => type*?, *données*);

Ajoute des *données* au presse-papiers à l'affichage de *widget*.

$*widget*->clipboardClear;

Revendique la propriété du presse-papiers à l'affichage de $*widget*, effaçant son contenu.

$*widget*->destroy;

Détruit la fenêtre donnée et sa descendance.

DoOneEvent(*eventBits*);

Traite les événements Tk décrits par *eventBits*, qui peuvent être : DONT_WAIT, WINDOW_EVENTS, FILE_EVENTS, TIMER_EVENTS, IDLE_EVENTS et ALL_EVENTS. Lorsque ALL_EVENTS est passé, DoOneEvent traite les événements au fur et à mesure de leur apparition et met l'application en sommeil lorsqu'il ne survient plus de nouvel événement. Il recherche d'abord un événement X ou E/S et, s'il le trouve, appelle le gestionnaire et retourne. S'il n'y a pas d'événement X ou E/S, il recherche un événement timer, invoque le callback et retourne. En l'absence d'événement X, E/S ou de chrono disponible, tout callback en attente est alors exécuté. Dans tous les cas, DoOneEvent retourne 1. Lorsque DONT_WAIT est passé, DoOneEvent travaille comme ci-dessus, excepté qu'il stoppe immédiatement avec une valeur 0 s'il n'y a pas d'événements à traiter.

$*widget*->DoWhenIdle(*callback*);

Place *callback* dans la file d'attente des événements en sommeil. *callback* n'est pas annulé lorsque $*widget* est détruit.

Tk::Error($*widget*, *message_erreur*, *traceBackMessages*));

Place *message_erreur* sur la liste des messages *traceBack*.

Exists($*widget*);

Retourne 1 s'il existe une fenêtre pour $*widget*, '' (false) si une telle fenêtre n'existe pas.

$*widget*->fileevent(*handle_de_fichier*, *opération* => *callback*);

Invoque le *callback* lorsque *handle_de_fichier* est prêt pour *operation*. *operation* peut être `readable|writable`.

$*widget*->focus;

Définit la fenêtre focus à $*widget*.

$*widget*->focusCurrent;

Retourne la fenêtre focus à l'affichage de $widget.

$*widget*->focusFollowsMouse;

Modifie le modèle focus d'une application pour que le focus suive le pointeur de la souris.

$*widget*->focusForce;

Définit le focus des entrées de l'affichage $*widget* à $*widget* même si une autre application a le focus.

$*widget*->focusLast;

Retourne la fenêtre qui a eu le focus en dernier et est une descendante de la fenêtre $*widget* principale.

$*widget*->focusNext;

Retourne la fenêtre suivant $*widget* dans l'ordre du focus.

$*widget*->focusPrev;

Retourne la fenêtre précédant $*widget* dans l'ordre du focus.

$*widget*->grab;

Définit une capture locale sur le $*widget*.

$*widget*->grabCurrent;

Retourne le nom de la fenêtre courante de capture à l'affichage de $*widget*. Si $*widget* est omis, retourne la liste de toutes les fenêtres capturées par l'application.

$*widget*->grabGlobal;

Définit une capture globale.

$*widget*->grabRelease;

Relâche la capture sur $*widget*.

$*widget*->grabStatus;

Retourne `none`, `local` ou `global` pour décrire l'état de capture de $*widget*.

$*widget*->idletasks;

Purge la file des événements inactifs de priorité basse.

$*widget*->lower(?*sousCela*?);

Place $*widget* en-dessous de la fenêtre *sousCela* dans l'ordre de la pile.

MainWindow->*nouveau*;

Retourne une référence à *MainWindow*, le sommet de la hiérarchie des widgets.

*MainLoop;*

La dernière instruction logique dans votre application ; cette instruction initialise le traitement des événements sous X11.

$*widget*->OnDestroy(*callback*);

Le *callback* est invoqué lorsque $*widget* est détruit. Toutes les structures de données des widgets et les méthodes sont disponibles, contrairement à un lien <Destroy>.

$*widget*->optionAdd(*pattern* => *valeur* ?, *priorité*?);

Ajoute une option avec une *valeur* de *pattern* de *priorité* (0-100) à la base de données des options.

$*widget*->optionClear

Efface la base de données des options et recharge à partir des paramètres par défaut du système X de l'utilisateur.

$*widget*->optionGet(*nom, classe*);

Obtient une valeur d'option de $*widget* sous *nom* et *classe* s'ils sont présents.

$*widget*->optionReadfile(*nom_chemin* ?, *priorité*?);

Lit les options depuis le fichier de styles X dans la base de données à *priorité*.

$*widget*->Popup(*menu, x, y* ?, *entrée*?);

Publie un *menu* popup de sorte que *entrée* soit positionnée aux coordonnées racines *x, y*.

$*widget*->raise(?*surCela*?);

Place $*widget* au-dessus de la fenêtre *surCela* dans l'ordre de la pile.

$*widget*->repeat(*ms* => *callback*);

Répète *callback* toutes les *ms* millisecondes jusqu'à annulation.

$*widget*->scaling(?*flottant*?);

Définit ou requiert le facteur d'échelle pour les conversions entre les unités physiques et les pixels. *flottant* représente le nombre de pixels par point (1/72 pouce).

$*widget*->selectionClear(?*-selection* => *sélection*?);

Efface *sélection* (défaut PRIMARY) à l'affichage de $*widget*.

$*widget*->selectionGet(?*-selection* => *sélection*? ?, *-type* => *type*?);

Retrouve *sélection* depuis l'affichage de $*widget* utilisant une représentation *type*.

$*widget*->selectionHandle(?*-selection* => *sel*? ?, *-type* => *type*? ?, *-format* => *fmt*? , *win* => *callback*);

Force le lancement de *callback* chaque fois que *sel* de *type* est détenu par *win*.

*$widget*->selectionOwn(?*-selection* => *sélection*? ?, *-commande* => *callback*?);

Force $*widget* à devenir le nouveau détenteur de *sélection* et lance *commande* lorsque $*widget* perd ensuite la *sélection*.

$*widget*->selectionOwner(?*-selection* => *sélection*?);

Retourne le nom du chemin de $*widget* qui détient *sélection* à l'affichage de $*widget*.

$*widget*->send(?`-async`? *interp* => *callback*);

Exécute *callback* dans l'application Tk *interp* à l'affichage de $*widget*. Si `-async` est spécifié, la commande $widget->send stoppera immédiatement.

Pour recevoir des commandes provenant d'une application étrangère, définissez une sous-routine Tk::Receive($*widget*, *chaine_commande*). Lancer *chaine_commande* avec les contrôles de pollution activés et dépolluer les données reçues.

$*widget*->setPalette(*couleur*);

Définit la couleur de fond par défaut et calcule les autres couleurs par défaut.

$*widget*->setPalette(*name* => *couleur* ?, *name* => *couleur* ...?);

Définit la couleur par défaut des options nommées explicitement *couleur*.

$*widget*->Unbusy;

Replace le curseur à sa valeur initiale depuis une montre.

$*widget*->update;

Traite tous les événements X11 en cours.

$*widget*->waitVariable(*ref_var*);

Introduit une pause du programme jusqu'à ce que la variable globale *ref_var* soit modifiée.

$*widget*->waitVisibility;

Introduit une pause du programme $*widget* jusqu'à la modification de la visibilité.

$*widget*->waitWindow;

Introduit une pause du programme jusqu'à la destruction de $*widget*.

# *Index*

**Le Logiciel Libre précis & concis**
*O'Reilly & Associates*
*1re édition, à paraître*
*90 pages environ, 50 francs*
*ISBN 2-84177-101-6*

**GNU Emacs précis & concis**
*Debra Cameron*
*1re édition, à paraître*
*96 pages environ, 50 francs*
*ISBN 2-84177-113-X*

**Gimp précis & concis**
*Sven Neumann*
*2e édition, à paraître*
*96 pages environ, 50 francs*
*ISBN 2-84177-109-1*

**PHP précis & concis**
*Rasmus Lerdorf*
*1re édition, à paraître*
*114 pages environ, 50 francs*
*ISBN 2-84177-100-8*

O'REILLY
***www.editions-oreilly.fr***



Cet ouvrage a été achevé d'imprimer en mai 2000
sur les presses de l'imprimerie de l'Indépendant
53200 Château-Gontier - France
Dépôt légal : 2e trimestre 2000